Schoebe® Elementargrammatik

Rechtschreibung und Zeichensetzung

Verfasst von Gerhard Schoebe

Oldenbourg

Aus Gründen des angenehmeren Leseflusses wird auf die Nennung der jeweils weiblichen und männlichen Anredeform verzichtet. Damit ist keineswegs eine Diskriminierung beabsichtigt: Die Verwendung des Maskulinums bei Bezeichnungen wie „Schüler“, „Schreibender“, „Sprecher“ o.Ä. schließt immer auch Schülerinnen, Schreibende und Sprecherinnen mit ein.

Auskünfte zur Rechtschreibung und zu stilistischen und grammatischen Fragen erteilen:

Gesellschaft für deutsche Sprache
Sprachberatung
Telefon 0611-9995555
(montags bis donnerstags von 9 bis 12.30 Uhr und von 14 bis 16 Uhr, freitags von 9 bis 12.30 Uhr)
Spiegelgasse 11
65183 Wiesbaden

Sprachberatungsstelle der Dudenredaktion
Telefon 09001-870098
(montags bis freitags von 9 bis 17 Uhr
Postfach 100311
68003 Mannheim

Grammatikalisches Telefon Potsdam
Telefon 0331-9772424
(montags bis freitags von 10 bis 12 Uhr)

Grammatikalisches Telefon Aachen
Telefon 0241-801
(montags bis freitags von 10 bis 12 Uhr)

Das Papier ist aus chlorfrei gebleichtem Zellstoff hergestellt, ist säurefrei und recyclingfähig.

Dieses Werk folgt der reformierten Rechtschreibung und Zeichensetzung in der überarbeiteten Fassung des amtlichen Regelwerks vom August 2006.

3. Auflage 2006 R06
Unveränderter Nachdruck 09 08 07 06

Die letzte Zahl bezeichnet das Jahr des Drucks.

Umschlagkonzeption: Mendell & Oberer, München
Umschlaggestaltung: Groothuis, Lohfert, Consorten, Hamburg
Lektorat: Anne-Kathrein Schiffer
Herstellung: Johannes Schmidt-Thomé
Satz: Oldenbourg Datentechnik, Kirchheim
Druck: Stürtz GmbH, Würzburg

ISBN 3-486-**00078**-0
ISBN 978-3-486-**00078**-8 (ab 1.1.2007)
ISBN 978-3-637-**00078**-0 (ab 1.1.2009)

Inhalt

Wortarten

Überblick

1

Wörter, die man verändern (beugen) kann: flektierbare Wortarten			
Wortart	Leistung	Beispiel	flektierte Formen
Verb	Tunwort, Tätigkeitswort	laufen	(du) läuf*st*, er l*ie*f
Substantiv (Nomen)	Namenwort, Hauptwort	Kopf	Köpf*e*, (des) Kopf*es*
Artikel	Geschlechtswort	der	d*ie*, d*es*, d*em*
Adjektiv	Eigenschaftswort, Artwort, Wiewort	schön	(das) schön*e* (Haus) (das) schön*ere*, (das) schön*ste* (Haus)
Pronomen	Fürwort		
Personal-		ich, du, er, sie, es, wir	*mir, mich, ihm*
Possessiv-		mein, dein, sein	mein*e*
Demonstrativ-		dieser	dies*e*
Relativ-		der, welcher	d*ie*, welch*e*
Frage-		wer? was?	we*ssen*?
Reflexiv-		sich	*mich, dich*
Indefinit-		niemand	niemand*em*
Numerale	Zahlwort	drei	(den) drei*en*
		erster	(dem) erst*en*

Wörter, die man nicht verändern (beugen) kann: unflektierbare Wortarten			
Wortart	Leistung	Beispiel	flektierte Formen
Partikeln			
Adverb	Umstandswort	hier, heute, sehr	
Präposition	Verhältniswort	in, vor, mit	
Konjunktion	Bindewort	und, aber, denn, weil	
Interjektion	Ausrufewort	oh!	

Bezeichnung	Leistung	Beispiel

Flektierbare Wortarten

2 **Das Verb**

Tätigkeitswort, Tunwort; bezeichnet
- Tätigkeiten (Handlungen),
- Vorgänge,
- Zustände.

Ernie *brachte* den Abfall *fort*.
Jetzt *spielt* Ernie mit dem Ball.
Der Ball *rollt* unter den Tisch.
Bert *liegt* im Bett.

Bezeichnung	Leistung	Beispiel
Konjugation (Beugung)		

Person	**Numerus** (Zahl) Singular (Einzahl)	Plural (Mehrzahl)
1.	ich lauf*e*	wir lauf*en*
2.	du l*ä*uf*st*	ihr lauf*t*
3.	er, sie, es l*ä*uf*t*	sie lauf*en*

Bezeichnung	Leistung	Beispiel
Wie erkennt man ein Verb?	In einem Satz findet man das Verb heraus, wenn man ihn – in eine andere Person – oder in eine andere Zeit setzt. Das Verb *ändert sich* dabei.	Ernie brachte den Abfall in die Mülltonne. Er brachte den Abfall in die Mülltonne. Du *brachtest* den Abfall in die Mülltonne. Er *bringt* den Abfall in die Mülltonne. *bringen* ist das Verb.
Wortaufspaltung beim Verb	Viele Verben sind zusammengesetzt aus **Grundwort** und **Verbzusatz.** Bei den meisten von ihnen **zerlegt sich** das Verb im Satz.	fortbringen, anrufen, untersuchen bringen + fort Er *brachte* den Abfall *fort*. (Dieses Verb ist eine **trennbare [auch: unfeste] Zusammensetzung**.)
3 **Das Substantiv** (auch genannt: **Das Nomen)** (Plural: *die Substantive, die Nomen)*	Namenwort, Hauptwort; benennt – Lebewesen, – Pflanzen, – Dinge, – Gedankendinge (abstrakte Begriffe, Wahrnehmungen, Gefühle und Ähnliches).	 Karl, Bruder, Nachbarin, Busfahrer; Elefant Rose Haus, Bus, Teller, Gabel Freundschaft, Verdacht, Wärme, Gebell, Durst, Freude, Angst, Aufregung
4 **Der Artikel**	Geschlechtswort, „Begleiter" eines Substantivs (Nomens)	
bestimmter Artikel		*der* Bruder, *die* Schwester, *das* Kind, *die* Brüder
unbestimmter Artikel		*ein* Onkel, *eine* Tante, *ein* Auto

Bezeichnung	Leistung	Beispiel

5 Deklination (Fallsetzung)

Es heißt:
der Numerus, Plural: *die Numeri;*

der Kasus, Plural: *die Kasus* (mit langem *u*).

Kasus (Fall)	**Numerus**			
	Singular			**Plural**
	Genus			
	Mask.	Fem.	Neutr.	
1. Fall **Nominativ** (Werfall)	der Hund	die Katze	das Huhn	d*ie* Hund*e*
2. Fall **Genitiv** (Wesfall)	de*s* Hunde*s*	de*r* Katze	de*s* Huhn*s*	de*r* Hund*e*
3. Fall **Dativ** (Wemfall)	de*m* Hund	de*r* Katze	de*m* Huhn	de*n* Hunde*n*
4. Fall **Akkusativ** (Wenfall)	de*n* Hund	die Katze	das Huhn	d*ie* Hund*e*

Das Genus (Plural: *die Genera)* Es gibt drei Genera:	grammatisches Geschlecht	
Maskulinum	„männlich“	*der* Gegenstand
Femininum	„weiblich“	*die* Sache
Neutrum.	„keines von beiden“ (sächlich)	*das* Ding

6 Das Adjektiv

Das Adjektiv	Wiewort, Eigenschaftswort; bezeichnet Art, Eigenschaft, Merkmale von	lustig, sportlich, dunkel, kurz
Vgl. Nr. 8.	– Personen und anderen Wesen, Pflanzen, Dingen, Gedankendingen,	Der *lustige* Jonas pfeift.
	– Tätigkeiten, Vorgängen und Zuständen.	Boris sortiert die Fotos *sorgfältig*.
Fast alle Adjektive sind steigerungsfähig:		
Der Positiv	Grundstufe (Normalstufe)	hübsch, schlau, dick
Der Komparativ	höherer Grad	hübsch*er*, schlau*er*, dick*er*
Der Superlativ	Höchstgrad	(der) hübsch*este*, schlau*este*, dick*ste*; am sorgfältig*sten*
Nicht steigerungsfähig, z. B.:	einzig, gleich, mündlich, tot, rosa, optimal, bestmöglich, ewig, täglich.	falsch z. B.: die *einzigste Ausnahme, die *bestmöglichste Lösung

Bezeichnung	Leistung	Beispiel

7 Die Pronomen

(auch: die *Pronomina*; Singular: **das Pronomen**)

Pronomen bedeutet wörtlich:
1. ‚für ein Nomen'
2. ‚vor einem Nomen'

Fürwörter;
entweder „Stellvertreter“ — Ich finde *es* schön (das neue Fahrrad). *es* als Stellvertreter für *Fahrrad*

oder „Begleiter“ zu einem Substantiv (Nomen). — *mein* Fahrrad

Fast alle Pronomen sind deklinierbar. — dieser, dies*es*, dies*em*, dies*en*

a) Das Personalpronomen

persönliches Fürwort — ich; du; er, sie, es; wir; ihr; sie

- „Stellvertreter“ für Substantive (Nomen),
- benennt nicht, aber **steht für**
  - Personen und andere Wesen,
  - Pflanzen,
  - Dinge,
  - Gedankendinge.

  Vgl. Nr. 3.

Numerus:	Singular					Plural		
Person:	1.	2.	3.			1.	2.	3.
Kasus: Nom.	ich	du	er	sie	es	wir	ihr	sie
Gen.	meiner	deiner	seiner	ihrer	seiner	unser	euer	ihrer
Dat.	mir	dir	ihm	ihr	ihm	uns	euch	ihnen
Akk.	mich	dich	ihn	sie	es	uns	euch	sie

Höflichkeitsanrede

	Singular	Plural
	Eine Dame und/oder ein Herr wird angeredet:	Mehrere Damen und/oder Herren werden angeredet:
Nom.	Sie	Sie
Gen.	Ihrer	Ihrer
Dat.	Ihnen	Ihnen
Akk.	Sie	Sie

z. B.: Haben *Sie* heute schon die Zeitung gelesen?

b) Das Possessivpronomen

Fürwort für die Zugehörigkeit — mein, meine, mein; dein; sein; meins usw.

- „besitz“anzeigendes Fürwort
- es geht nicht immer wirklich um Besitz — *meine* Heimatstadt
- fast immer „Begleiter“ von Substantiven (Nomen) — *Mein* Pullover ist grün.

Bezeichnung	Leistung	Beispiel
c) **Das Demonstrativpronomen**	hinweisendes Fürwort	dies; dieser, dies*e*, dies*es*, dies*e*; jener; der; derjenige; (ein) solcher; derselbe; selbst
	• entweder auswählender und verstärkender „Begleiter“ von Substantiven (Nomen)	Nimm *diese* Schraube!
	• oder „Stellvertreter“ für Substantive (Nomen) [so wie das Personalpronomen]	Daniela gab den Ball an Paul ab. *Dieser* schoss.
d) **Das Relativpronomen**	Beziehungsfürwort, bezügliches Fürwort;	der, d*ie*, d*as*; d*ie* welcher, welch*e*, welch*es*; welch*e*; wer, was
	• leitet einen Nebensatz ein (vgl. Nr. 41)	Die Bastelanleitung, *die* Sascha mir gegeben hat, konnte ich gut verstehen.
	und bezieht ihn – auf ein Substantiv (Nomen) oder	Ich suche das Bastelbuch, *das* Tina mir mitgebracht hat.
	Pronomen des übergeordneten Satzes	Das ist es, *was* ich jetzt brauche.
	– oder auf den ganzen übergeordneten Satz;	Ich verstehe genau, *was* du meinst.
	• meistens „Stellvertreter“;	das Buch, *das* du suchst
	• manchmal „Begleiter“ zu einem Substantiv (Nomen).	Ich weiß, *welches* Buch du meinst.
	Das Relativpronomen *der, die, das* wird so ähnlich dekliniert wie der bestimmte Artikel (vgl. Bemerkung neben der Tabelle).	

(Diejenigen Formenbestandteile, die von der Deklination des bestimmten Artikels abweichen, sind durch Schrägdruck gekennzeichnet.)

Relativpronomen	Singular			Plural
	Mask.	Fem.	Neutr.	
Nominativ	der	die	das	die
Genitiv	dess*en*	der*en*	dess*en*	der*en*
Dativ	dem	der	dem	den*en*
Akkusativ	den	die	das	die

Bezeichnung	Leistung	Beispiel
e) **Das Fragepronomen (Interrogativpronomen)**	Fragefürwort; • leitet einen Fragesatz ein,	wer? was? welcher?
	• ist entweder „Stellvertreter“	*Wer* hat angerufen?
	• oder „Begleiter“ zu einem Substantiv (Nomen).	*Welchen* Pulli soll ich anziehen?
f) **Das Reflexivpronomen**	rückbezügliches Fürwort; • bezieht sich zurück auf den Handelnden.	Sie freut *sich* über das Geschenk.

Bezeichnung	Leistung	Beispiel
g) **Das Indefinitpronomen**	unbestimmtes Fürwort, Pronomen der Menge; • meist „Stellvertreter“ von Substantiven (Nomen)	jemand, man, niemand; mancher, einige, alle, alles; jeder, keiner, kein; etwas, nichts
	• Manche von ihnen kann man nicht deklinieren.	man, etwas, nichts
8 **Das Numerale** (Plural: *die Numeralia* oder: *die Numeralien)*	Zahlwort	
Kardinalzahl	Grundzahl • Die Kardinalzahlen sind Adjektive, deren Wortinhalt eine Grundzahl ist.	eins, zwei, dreißig, hundert einer, ein, der eine, beide, halb
	• Die Großzahlen sind jedoch ihrer Form nach Substantive (Nomen),	eine Million
	• die Bruchzahlen hingegen Adjektive, manchmal substantiviert.	viertel, drittel, halb, ein *halbes* Kilo; das Viertel
unbestimmtes Zahlwort (unbestimmtes Numerale)		viel(e) (mehrere, die meisten), wenig(e); einzeln(e), übrig(e), verschieden(e)
Ordinalzahl	Ordnungszahl • Die Ordinalzahlen sind Adjektive, deren Wortinhalt sich auf eine zahlenmäßige Reihenfolge bezieht.	(der, die, das) erste, zweite, dritte usw. das *dritte* Kind

Unflektierbare Wortarten

Die Partikel Oberbegriff zu Adverb, Präposition und Konjunktion (Plural: *die Partikeln*)	Partikel Adverb – Präposition – Konjunktion	
9 **Das Adverb** (Plural: *die Adverbien)* (Vgl. Notiz auf Seite 31.)	„Umstandswort“, Lagewort; bezeichnet die näheren Umstände, macht Angaben	
	– zur Lage im Raum (Lokaladverb),	hier, da, dort, oben, vorn, überall, links, innen, draußen, irgendwo, nirgends usw.
	– zur Lage in der Zeit (Temporaladverb),	dann, da, damals, gestern, heute, morgen, morgens, neulich, vorher, noch, nun, oft, immer, niemals, nicht, irgendwann usw.
	– zur Art und Weise und zum Grad (Modaladverb),	gern, so, anders, wohl, vielleicht usw.
	– zur gedanklichen Verknüpfung (Konjunktionaladverb, auch: logisches Adverb)	deshalb (Kausaladv.), folglich, infolgedessen (Konsekutivadv.), sonst, dennoch, trotzdem (Adversativadv.)

Bezeichnung	Leistung	Beispiel
	Man kann mithilfe von Adverbien die Bedeutung von Wörtern näher bestimmen:	
	– eines Substantivs (Nomens)	Der *Tempel* *drüben* gehört zu Liliputs Hauptstadt.
	– eines Verbs	Die Liliputaner *haben* sich *sehr* *gefreut*.
	– eines Adjektivs	Gulliver war *sehr* *müde*.
	– eines Adverbs	Der Kaiser gähnte *sehr* *oft*.
	Man kann mit ihrer Hilfe auch das gedankliche Verhältnis zwischen zwei Sätzen ausdrücken.	Gulliver war müde, *auch* der Kaiser gähnte.
Das Frageadverb	dient zur Einleitung einer Frage.	wohin? wo? wann? wie? warum? wozu?
Das Relativadverb	bezieht einen Nebensatz auf den übergeordneten Satz (vgl. Nr. 41 und 7 d).	Gulliver wusste nicht, *woher* die vielen Menschen kamen. wo, wann, wie, weshalb, worüber
10 Die Präposition	Verhältniswort; steht vor einem Substantiv (Nomen)	Meine Schwester besucht *in* Köln die Fachschule. Sie wohnt *bei* meiner Tante.
	oder Pronomen.	Ich will *mit* ihr den Weihnachtsmarkt besuchen.
	Die Präposition wird manchmal mit dem Artikel verschmolzen. zu + der = zur in + dem = im	Sie geht in Köln *zur* Fachschule.
11 Die Konjunktion	Bindewort; verbindet • Wörter, • Satzglieder • und ganze Sätze miteinander.	und, oder, aber, denn, weil, dass Die Liliputaner sind klein *und* leicht *und* haben nur geringe Körperkräfte, *aber* sie können dennoch schwere Lasten bewegen, *denn* sie sind gute Techniker.
– nebenordnende	verknüpft aneinandergereihte Hauptsätze.	und, oder, aber, sondern, denn Sie lief, *denn* es regnete heftig.
– unterordnende	ordnet den Nebensatz einem Hauptsatz oder einem anderen Nebensatz unter.	dass, weil, ob, als, wenn, nachdem, obwohl Sie lief, *weil* es heftig regnete.

Formenwelt des Verbs

Die vier Gefüge[1] des Verbs (Überblick)

12

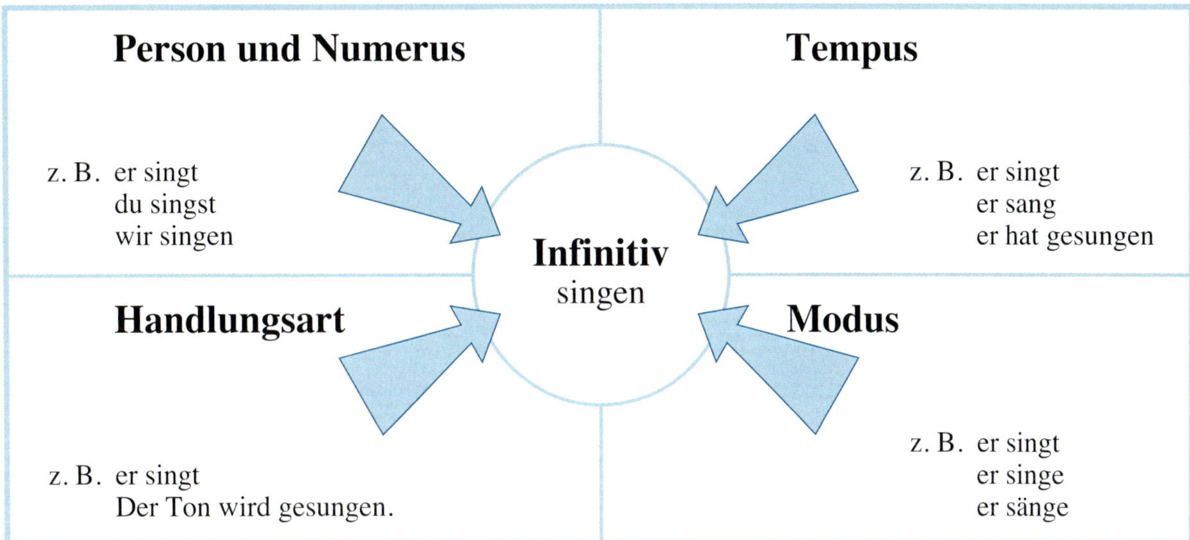

[1] Manche sagen statt „Gefüge“: „Teilsysteme“ oder „Untersysteme“.

Die Personalformen und die infiniten Formen

13 **Die Personalformen** (auch **finite Formen** genannt)

finit wörtlich = *‚bestimmt‘*
nach Person und Zahl (Numerus)
Personalformen haben eine von der grammatischen Person abhängige Endung.

Das **Gefüge der Personen und Numeri**

Person	**Numerus** Singular	Plural
1.	ich ruf*e*	wir ruf*en*
2.	du ruf*st*	ihr ruf*t*
3.	er, sie, es ruf*t*	sie ruf*en*

Statt Personalform sagen manche auch Verbum finitum.

14 **Die infiniten Verbformen**

infinit wörtl. = ‚unbestimmt‘, nicht bestimmt nach Person und Zahl

– Der Infinitiv — Grundform, Nennform — spiel*en*, ruf*en*, reiz*en*

Bezeichnung	Leistung	Beispiel
– **Das Partizip I** (Plural: *die Partizipien*) (auch genannt: Partizip Präsens)	die *end*-Form	spiel*end*, ruf*end*, reiz*end*
	Das Partizip I kann auch als Adjektiv verwendet werden.	Sie hat im Schaufenster ein *reizendes* Kleid gesehen.
– **Das Partizip II** (auch genannt: Partizip Perfekt)	dient zur Bildung der zusammengesetzten Verbformen.	*ge*spiel*t*, *ge*ruf*en*, *ge*reiz*t* Der Besucher *hat* den Löwen *gereizt* . Der Löwe *wurde* *gereizt* . ge + reiz + t **ge** + **Stamm** + **t** gespielt **oder:** + **en** gerufen
	Das Partizip II kann auch als Adjektiv verwendet werden.	Ich wunderte mich über den *gereizten* Ton.
15 **Zusammengesetzte Verbformen**	**Personalform (finite Form)** Sie hat Er ist Er wird	+ **infinite Form** (s. Nr. 14) gerufen. gekommen. helfen.
haben, sein, werden	Diese Verben werden • teils als **Hilfsverben** zur Bildung der zusammengesetzen Formen,	Petra *hat* den Koffer *gepackt*. Sie *ist* in den Keller *gegangen*. Sie *wird* den Rucksack dort *finden*. Die Tasche *wird* noch *gesucht*.
	• teils als **Vollverben** verwendet.	Ute *wird* Ärztin. Sie *hat* Lust dazu. Er *ist* froh.

Die Tempora

16 **Überblick über die Tempora**
(Singular: *das Tempus*, Plural: *die Tempora)*

Präsens	ich sage
Präteritum	ich sagte
Perfekt	ich habe gesagt
Plusquamperfekt	ich hatte gesagt
Futur I	ich werde sagen
Futur II	ich werde gesagt haben

Die Verwendung der Tempora

17

Sprechzeitpunkt

Plusquamperfekt	a) Perfekt b) Präteritum	Präsens	Futur
Nachdem ich die aufregende Geschichte **vorgestern** Andrea *erzählt hatte*,	a) *habe* ich sie **gestern** Jens *erzählt*, b) *erzählte* ich sie **gestern** Jens,	**jetzt** *erzähle* ich sie dir	und **morgen** *werde* ich sie meinem Großvater *erzählen*.
<noch davor>	a) <vollendet, vergangen> b) <vergangen>	<jetzt>	<später/vermutlich>

Das Präsens **<jetzt>**	Tempus für: – jetzt (Gegenwart)	Elena *holt* gerade den schwarzen Koffer vom Schrank.
	– jetzt und immer (immer wieder)	Wir *wohnen* in Ulm. In den Sommerferien *verreisen* wir jedes Jahr; meine Großmutter *gießt* dann immer die Blumen in unserer Wohnung.
	– Zukunft	Morgen *fahren* wir ans Meer.
	– Vergangenes (zur Vergegenwärtigung)	Gestern standen wir vor dem Fahrkartenschalter. Da *legt* sich plötzlich eine Hand auf meine Schulter ...
Das Präteritum **<vergangen>**	Tempus für: – Vergangenes (normales Erzähltempus)	Gestern *standen* wir in der Schlange vor dem Fahrkartenschalter.
Das Perfekt **<vollendet und vergangen>** – in der gesprochenen Sprache	häufig verwendet für Vergangenheit (wie das Präteritum),	Oma *hat* vorhin die Zeitung *gelesen*. = Oma *las* vorhin die Zeitung.
– in der geschriebenen Sprache	oft verwendet, um auszudrücken, dass ein – in der Vergangenheit vollendeter Vorgang – die Gegenwart des Schreibenden beeinflusst (Ergebnisbetonung).	Meine Großmutter *hat angerufen*. (und nun weiß ich Bescheid)

Perfekt **<vollendet, vergangen>**	**Präsens** **<jetzt>**
Weil es die ganze Nacht *geschneit hat*,	*liegt* heute eine dichte Schneedecke.
<in der Vergangenheit vollendet>	<Ergebnis>

└── *wirkt auf die Gegenwart ein* ──↑

Bezeichnung	Leistung	Beispiel
Das Plusquamperfekt <noch davor> ***Plusquamperfekt*** bedeutet wörtlich: ‚mehr als Perfekt‘.	zur Bezeichnung der „Vorvergangenheit“ (d. h. zeitlich früher als Perfekt oder Präteritum)	Nachdem es tagelang *geregnet* *hatte*, *standen* Pfützen auf den Straßen.
Das Futur (I) <später/vermutlich>	– zum Ausdruck der Zukunft (besonders bei Versprechungen, Beteuerungen, Drohungen) **(Futur der Zukunft)**	Das *wirst* du mir *büßen*!
	– wenn der Sprecher ausdrücken will, dass er nicht genau weiß, ob ein Geschehen stattfindet **(Futur der Vermutung)**	Ronja *wird* sich jetzt gerade ein Eis *kaufen*.
Beachte:	Zur **Bezeichnung der Zukunft** verwendet man jedoch meistens **Präsens + Zeitangabe.**	Wir *besuchen morgen* Tante Jennifer.
Das Futur II **vermutlich, mit Blick auf Vergangenes**	wenn der Sprecher ausdrücken will, dass er nicht genau weiß, ob ein Geschehen stattgefunden hat	Max *wird* Paul *wohl* *angerufen* haben.

Die Bildungsweise der Tempora

Bezeichnung	Leistung	Beispiel
18 **Starke und schwache Verben**	bilden das Präteritum auf verschiedene Weise:	
„starke“ Verben (unregelmäßige Verben)	beim Präteritum **Wechsel des Vokals** im Wortstamm	ich l*au*fe – ich l*ie*f er g*i*bt – er g*a*b – (Partizip: geg*e*ben)
„schwache“ Verben (regelmäßige Verben)	Merkmal für das Präteritum: **eingeschobenes t** bzw. **eingeschobenes et**	 ich kaufe – ich kauf*t*e ich arbeite – ich arbeit*ete*
Bei den starken Verben unterscheidet man **3 Stammformen.**	Präsens – Präteritum – Partizip II	springe – sprang – gesprungen

Bezeichnung	Leistung	Beispiel
Perfekt	**Bildung** durch die **Personalform von „haben“ + Partizip II;**	Bei Anne *hat* sich wegen des Windes das Haarband *gelöst*. Ihr *habt* es nicht *gemerkt*.
	bei einigen Verben (vor allem Verben der Bewegung, z. B. **gehen, laufen, rennen**) und bei den Verben **sein** und **werden:** Bildung durch die **Personalform von „sein“ + Partizip II**	Ich *bin* *gerannt*. Vater *ist* sofort *gekommen*. Thomas *ist* krank *gewesen*.
Plusquamperfekt	durch die **Vergangenheitspersonalform von „haben“** bzw. **„sein“ + Partizip II**	Sie *hatte* den Knoten nicht fest genug *gebunden*. Ich *war* *gerannt*.
Futur (I)	durch die **Personalform von „werden“ + Infinitiv**	Vater *wird* Anne übermorgen *anrufen*.
Futur II (kommt nur selten vor)	durch die **Personalform von „werden“ + Partizip II + „haben“ oder „sein“**	Petra *wird* das schon morgen Abend *geregelt haben*. Ali *wird* wohl zu weit *gefahren sein*.

Die Handlungsarten

19 Das Aktiv („Tatform“)
Das Passiv („Leideform“)

Die Mutter	sucht	Kemal.	
Kemal	wird	von seiner Mutter	gesucht.

20 Die Verwendung des Passivs

Im Passiv wird • der Betroffene, • die behandelte Sache hervorgehoben und nicht der Handelnde (der Täter).	Gabi *wurde* von Dagmar *gereizt*. Buntwäsche *wird* nur bis 60° *erhitzt*.
• Man kann den Handelnden unerwähnt lassen oder verschweigen.	Gabi *wurde* *gereizt*. (von wem?) In der Pause *wurde* mit gefrorenen Schneebällen *geworfen*.
• Man kann auch statt des Handelnden oder des Betroffenen das Geschehen (die Handlung) betonen.	Während der Aufführung *wurde* *gelacht*. [Die Handlung ist das Lachen.] Danach *wurde* *geklatscht*.

Bezeichnung	Leistung	Beispiel
21 Die Bildungsweise des Passivs	im Präsens und Präteritum **Personalform von „werden“ + Partizip II**	Er *wird gesucht*. Prät.: *wurde*
	im Perfekt und Plusquamperfekt **Personalform von „sein“ + Partizip II + „worden“**	Er *ist gesucht worden*. Plusq.: *war*
Nicht verwechseln:	**Aktiv – Futur:** Personalform von „werden“ + **Infinitiv**	Er *wird* übermorgen *anrufen*.
	und	
	Passiv – Präsens: Personalform von „werden“ + **Partizip II**	Sie *wird* jetzt *angerufen*.

Überblick über die Formen von Aktiv und Passiv

Tempus	**Aktiv**	**Passiv**
Präsens	ich suche sie sucht	ich werde gesucht sie wird gesucht
Präteritum	ich suchte sie suchte	ich wurde gesucht sie wurde gesucht
Perfekt	ich habe gesucht sie hat gesucht	ich bin gesucht worden sie ist gesucht worden
Plusquamperfekt	ich hatte gesucht sie hatte gesucht	ich war gesucht worden sie war gesucht worden
Futur	ich werde suchen sie wird suchen	ich werde gesucht werden sie wird gesucht werden

Daneben gibt es als besondere Form das **Zustandspassiv.**

Aktiv:	Der Doktor *zieht* den Zahn.
Passiv (Handlungspassiv):	Der Zahn *wird gezogen*.
Zustandspassiv:	Der Zahn *ist gezogen*.

Das Zustandspassiv kommt fast nur vor als

Präsens	ich bin gefesselt
Präteritum	ich war gefesselt

Die Modi

Bezeichnung	Leistung	Beispiel
22 Überblick über die Modi (Singular: *der Modus*, Plural: *die Modi)*		
Der Indikativ	Wirklichkeitsform	sie redet, sie hat geredet usw.
Die Konjunktive	Wiedergabeform und Möglichkeitsform	
Konjunktiv I	<nur berichtet> („ohne Gewähr“, nicht gesichert) Wiedergabeform	Hanna sagte, Yannick *sei* mit dem Tausch zufrieden. Er *habe* Grund zur Freude. Ich glaubte, Karl *sei* krank.
Konjunktiv II	<nur gedacht, aber nicht wirklich> Möglichkeitsform	Seine Mutter *wäre* unglücklich, wenn sie es *erführe* . Wenn Laura es *bemerkt* *hätte* , *wäre* sie nicht ins tiefe Wasser *gegangen* .
Der Imperativ	Befehlsform; wird nur im Präsens gebildet, und zwar als 2. Pers. Sing. und 2. Pers. Plur.	 bringe, arbeite, schreib, gib, nimm! bringt, arbeitet, schreibt, gebt, nehmt!

Tempusformen der Konjunktive

Tempus	zum Vergleich: Indikativ	Konjunktiv I	Konjunktiv II	Umschreibung des Konj. II (vorwiegend mündlicher Sprachgebrauch)
Präsens	es liegt	es liege	es läge	es würde liegen
Perfekt	es hat gelegen	es habe gelegen	es hätte gelegen	es würde gelegen haben
Futur	es wird liegen	es werde liegen	es würde liegen	—

Die Verwendung der Konjunktive

23 Der Konjunktiv I

Modus der indirekten Rede — sie trinke, er möge

	direkte Rede	→	indirekte Rede
Patrick sagte	: „Ute trinkt Milch."	→	, Ute *trinke* Milch.
Patrick sagte	: „Ich mag lieber Saft."	→	, er *möge* lieber Saft.

Keine Stellungnahme zum Inhalt der Rede

Der Sprecher oder die Sprecherin verbürgt sich für die richtige Wiedergabe der Rede, aber nicht für die Wahrheit ihres Inhalts.

(Patrick hat es wirklich gesagt.)

(Es bleibt offen, ob der Inhalt von Patricks Rede zutreffend war, d. h. ob Ute wirklich Milch trank.)

Konjunktiv I außerhalb indirekter Reden

Der Sprecher oder die Sprecherin hält zu dem, was er oder sie sagt, **Abstand**.

Ich hatte gedacht, Kirschsaft *sei* sauer. (Ist Kirschsaft nach seiner heutigen Meinung wirklich sauer? Das bleibt offen.)

24 Tempusfolge in der indirekten Rede

übergeordneter Satz (= Einleitungssatz, Begleitsatz)		Wiedergabesatz (Nebensatz)
Laura sagt, (sagte, hat gesagt, hatte gesagt, wird sagen)	**vorher** (Vorzeitigkeit zu Lauras Sprechzeitpunkt) →	es habe dort gelegen. **Konjunktiv I Perfekt**
	gleichzeitig (Gleichzeitigkeit zu Lauras Sprechzeitpunkt) →	es liege dort. **Konjunktiv I Präsens**
	nachher, später (Nachzeitigkeit zu Lauras Sprechzeitpunkt) →	es werde dort liegen. **Konjunktiv I Futur**

Das **Tempus des Nebensatzes** ist **unabhängig** von dem Tempus, in dem der übergeordnete Satz steht.

Bezeichnung	Leistung	Beispiel
25 Der Konjunktiv II		
Will man ausdrücken, dass ein Geschehen **nur gedacht, nur angenommen** (nicht wirklich) ist,		
so wählt man – für ein solches Geschehen in der **Gegenwart (und Zukunft)**	den **Konjunktiv II des Präsens.**	Wenn er richtig *hinsähe*, dann *fiele* ihm die CD-Hülle sicherlich *auf*.
– für ein solches Geschehen in der **Vergangenheit**	den **Konjunktiv II des Perfekts.**	Wenn er richtig *hingesehen hätte*, dann *wäre* ihm die CD-Hülle sicherlich *aufgefallen*.
Mündlicher Sprachgebrauch:	Hier wird häufig die Umschreibung mit „würde“ benutzt.	Wenn er richtig hinsehen *würde*, dann *würde* ihm die CD-Hülle *auffallen*.
Weitere Verwendungsweisen: Der Konjunktiv II wird auch außerhalb von Wenn-dann-Gefügen verwendet: – im **irrealen Aussagesatz**,	Nichtwirkliches	Saskia *hätte* das anders *gemacht*. (Aber sie ist nicht hier.) Frank *würde* das anders *machen*. (Aber er ist nicht hier.)
– beim **irrealen Wunsch**,	Nichtwirkliches	Wenn doch bloß schon Mittwoch *wäre!* (Aber es ist erst Montag.) Ina wünscht sich, dass ihre Freundin schon da *wäre*. (Aber sie ist noch verreist.)
– beim **höflichen Wunsch**,	Noch-nicht-Wirkliches	Ich *hätte* gerne ein Glas Milch.
– bei der **höflichen Aussage**,		Ich *würde* Ihnen dieses *empfehlen*.
– bei der **höflichen Frage**,		*Hättest* du Lust dazu? *Würdest* du mir bitte die Butter *herübergeben?*
– bei der **zweifelnden Frage**.		*Hätte* er so etwas tatsächlich *tun können?*

26 Die Formen des Konjunktivs I

Ersatzformen für den Konjunktiv I:

In manchen Personalformen lautet der Konjunktiv I mit dem Indikativ Präsens gleich; er wäre deshalb nicht zu unterscheiden. In diesen Fällen verwendet man als Ersatzform den **Konjunktiv II anstelle des Konjunktivs I.**

Zwar:
Sie behauptet, er *komme* zu spät. (Konj. I)
Sie behauptet, das Geschenk *liege* darunter. (Konj. I)

Aber:
Sie behauptet, wir *kämen* zu spät. (Konj. II als Ersatzform)
(statt: Sie behauptet, wir *kommen* zu spät.)
Sie behauptet, die Geschenke *lägen* darunter. (Konj. II als Ersatzform)
(statt: Sie behauptet, die Geschenke *liegen* darunter.)

Formentabelle des Konjunktivs I
Die Ersatzformen sind schräg gedruckt.

Tempus	Numerus	Person	geben	laufen	sein
Präsens	Singular	1. 2. 3.	ich *gäbe* du gebest er gebe	ich *liefe* du laufest er laufe	ich sei du seiest er sei
	Plural	1. 2. 3.	wir *gäben* ihr gebet sie *gäben*	wir *liefen* ihr laufet sie *liefen*	wir seien ihr seiet sie seien
Perfekt	Singular	1. 2. 3.	ich *hätte* gegeben du habest gegeben er habe gegeben	ich sei gelaufen du seiest gelaufen er sei gelaufen	ich sei gewesen du seiest gewesen er sei gewesen
	Plural	1. 2. 3.	wir *hätten* gegeben ihr habet gegeben sie *hätten* gegeben	wir seien gelaufen ihr seiet gelaufen sie seien gelaufen	wir seien gewesen ihr seiet gewesen sie seien gewesen
Futur	Singular	1. 2. 3.	ich *würde* geben du werdest geben er werde geben	ich *würde* laufen du werdest laufen er werde laufen	ich *würde* sein du werdest sein er werde sein
	Plural	1. 2. 3.	wir *würden* geben ihr *würdet* geben sie *würden* geben	wir *würden* laufen ihr *würdet* laufen sie *würden* laufen	wir *würden* sein ihr *würdet* sein sie *würden* sein

27 Die Formen des Konjunktivs II

Ersatzformen für den Konjunktiv II:

In manchen Personalformen lautet der Konj. II gleich mit dem Indikativ Präteritum; er wäre daher zu verwechseln. In diesen Fällen verwendet man als Ersatzform die **Umschreibungsform anstelle des Konjunktivs II.**

Schwache Verben (vgl. Nr. 18) bilden keine unterscheidbaren Formen für den Konj. II und nicht alle starken Verben bilden für **alle** grammatischen Personen unterscheidbare Formen:

Die Kinder *spielten* heute gern.
(Taten sie es oder würden sie es gerne tun [z. B. wenn der Regen aufhörte]?)
also: Die Kinder *würden* heute gerne *spielen* .

Petra und Simone *liefen* um die Wette.
(Taten sie es oder würden sie es tun [z. B. wenn es darauf ankäme]?)
also: Petra und Simone *würden* um die Wette *laufen* .

Formentabelle des Konjunktivs II
Die Umschreibungsformen sind schräg gedruckt.

Tempus	Numerus	Person	geben	laufen	sein
Präsens	Singular	1.	ich gäbe	ich liefe	ich wäre
		2.	du gäbest	du liefest	du wärest
		3.	er gäbe	er liefe	er wäre
	Plural	1.	wir gäben	wir *würden laufen*	wir wären
		2.	ihr gäbet	ihr liefet	ihr wäret
		3.	sie gäben	sie *würden laufen*	sie wären
Perfekt	Singular	1.	ich hätte gegeben	ich wäre gelaufen	ich wäre gewesen
		2.	du hättest gegeben	du wärest gelaufen	du wärest gewesen
		3.	er hätte gegeben	er wäre gelaufen	er wäre gewesen
	Plural	1.	wir hätten gegeben	wir wären gelaufen	wir wären gewesen
		2.	ihr hättet gegeben	ihr wäret gelaufen	ihr wäret gewesen
		3.	sie hätten gegeben	sie wären gelaufen	sie wären gewesen
Futur	Singular	1.	ich würde geben	ich würde laufen	ich würde sein
		2.	du würdest geben	du würdest laufen	du würdest sein
		3.	er würde geben	er würde laufen	er würde sein
	Plural	1.	wir würden geben	wir würden laufen	wir würden sein
		2.	ihr würdet geben	ihr würdet laufen	ihr würdet sein
		3.	sie würden geben	sie würden laufen	sie würden sein

Satzglieder und Satzgliedteile

28 Was ist ein Satzglied?

Wörter und Wortgruppen, die sich bei einer **Umstellprobe** verschieben lassen, sind ein Satzglied.

Ein Satzglied kann *aus mehreren Wörtern* bestehen, z. B.: *ein bunter Ball*.

Hilfe für das Erkennen der Satzglieder: **die Umstellprobe:**

Mein Großvater	schenkt	meinem kleinen Bruder	einen bunten Ball.
Einen bunten Ball	schenkt	mein Großvater	meinem kleinen Bruder.
Meinem kleinen Bruder	schenkt	mein Großvater	einen bunten Ball.

29 Die häufigsten Satzglieder

Bezeichnung	Leistung	Beispiel
Subjekt	Substantiv (Nomen) oder Pronomen	mein Großvater = **er**
Prädikat	Verb	schenkt
Objekte	Substantiv (Nomen) oder Pronomen	
Dativobjekt		meinem kleinen Bruder = **ihm**
Akkusativobjekt		einen bunten Ball = **ihn**
Genitivobjekt	(äußerst selten, nur bei wenigen Verben Frage: wessen? + Verb)	z. B. bedürfen, sich bemächtigen, ermangeln, gedenken, sich rühmen Er gedachte *seines verstorbenen Freundes*.
Mehrgliedriges Prädikat		
1) Verbaufspaltung im Satz (vgl. Nr. 2)	In den Personalformen wird der Verbzusatz vom Grundwort getrennt	anrufen → Großmutter *rief* bei uns *an*. *anrufen* ist eine unfeste Zusammensetzung.
2) Personalform + infinite Form(en) (vgl. Nr. 15)	Personalform hier: *hat, sind, konnte*	Großmutter *hat* bei uns *angerufen*. Wir *sind* von Großmutter *angerufen worden*. Klaus *konnte* sie nicht *verstehen*.

Bezeichnung	Leistung	Beispiel
30 **Das Adverbiale** (Plural: *die Adverbialien*)	Umstandsbestimmung	
Verwendung	Das Adverbiale besagt, – unter welchen Umständen (vor allem Zeit, Ort, Grund, vgl. unten) oder – in welcher Art und Weise das Geschehen vor sich geht.	*Gestern* kam die Sendung an. Das Paket lag *auf dem Tisch*. Gianna fing *vor Freude* an zu hüpfen. *Aufgeregt* riefen ihre Freundinnen an. Er spülte den Teller *sorgfältig* ab.
Erscheinungsformen	Substantiv (Nomen) + Präposition Adverb Adjektiv	vor Freude, auf dem Tisch gestern aufgeregt, sorgfältig (vgl. Notiz auf S. 31)
Als Umstände und Arten lassen sich im Einzelnen unterscheiden:		
– Zeit (Temporaladverbiale)	wann? wie lange? usw.	*gestern* (s. oben)
– Ort (Lokal-)	wo? bei wem? usw.	*auf dem Tisch* (s. oben)
– Richtung (Direktiv-)	wohin? woher?	Sie sah *nach vorne*.
– Grund (Kausal-)	warum? weshalb? usw.	*vor Freude* (s. oben)
– Mittel (Instrumental-)	womit? wodurch?	Sie öffnete das Paket *mit einem Messer*.
– Zweck (Final-)	wozu? zu welchem Zweck?	Wir fuhren *zur Erholung* an die See.
– Bedingung (Konditional-)	unter welcher Bedingung oder Voraussetzung?	*Bei Sonnenschein* liegen wir am Strand.
– Folge (Konsekutiv-)	mit welcher Wirkung?	Die Tür quietscht *zum Davonlaufen*.
– Einräumung (wirkungsloser Gegengrund) (Konzessiv-)	trotz wessen?	*Trotz des Regens* gingen wir nach draußen. Es regnete; *trotzdem* gingen wir nach draußen.
– Verneinung (Negations-)	ja oder nein?	Wir gingen *nicht* nach draußen.
– Ausmaß, Grad (Grad-)	wie sehr, wie viel?	Ich freute mich darüber *sehr*.
– Art und Weise (Modal-)	wie? auf welche Weise? mit wem? womit? ohne wen (was)?	*aufgeregt, sorgfältig* (s. oben)

Bezeichnung	Leistung	Beispiel
31 Das präpositionale Objekt Wörter und Wortgruppen von der gleichen Erscheinungsform wie die Adverbialien; sie lassen sich aber nicht als Aussagen zu Zeit, Raum, Grund, Art usw. verstehen.		Du kannst dich gewiss noch *an den Englischlehrer* erinnern. Man kann ruhig *darüber* sprechen. Uta wartet *auf sie* .
32 Das Prädikatsnomen (Das Prädikativ)	(Manche bevorzugen die Bezeichnung **Prädikativ**, weil dieses Satzglied nicht immer ein Substantiv (Nomen) ist.)	
Verwendung Erscheinungsformen	Gleichsetzungsnominativ, – Substantiv (Nomen) im Nominativ – Adjektiv kommt nur im Zusammenhang mit wenigen Verben vor: *sein,* *bleiben, werden, heißen*	*Jenö* war *mein Freund* . *Mein Bruder* wird *Bäcker* . Stefanie ist *freundlich* . *Ihre Mutter* **ist** *Apothekerin* . Theo **bleibt** *ruhig* .
sehr selten:	Gleichsetzungsakkusativ	Die Kinder nannten ihren Vater *den Zauberer* .
33 Das Attribut	**Satzgliedteil:** Attribute sind keine eigenen Satzglieder, sondern Teile von Satzgliedern.	Der *aufmerksame* Junge *aus Münster* hatte sich die Farbe *des Wagens* gemerkt. Die Leute waren *sehr* böse auf Till.
Verwendung	Durch Attribute kann der Bedeutungsinhalt von Wörtern innerhalb eines Satzgliedes – eindeutiger bestimmt oder – erweitert werden.	der Junge *aus Münster* die Farbe *des Wagens* der *aufmerksame* Junge
Erscheinungsformen	Als Attribute kommen vor allem sechs Arten von Ausdrücken vor: – Substantiv (Nomen) im Genitiv – Adjektiv – Adverb	Der Hut *des Mädchens* war gelb. Der *hinterhältige* Gangster lugte um die Ecke. Das Haus *drüben* ist sehr groß.

Bezeichnung	Leistung	Beispiel
	– Präpositionalausdruck – nachgestelltes Substantiv (Nomen) im gleichen Fall (nachgestellte Apposition) – Substantiv (Nomen) (oder substantiviertes Wort) im gleichen Fall mit *als*	Das Mädchen *mit dem Hut* pfiff laut. Er vermachte dem Kundschafter Teddy Triefauge, *seinem einzigen Freund,* den schweren Colt. Claudia, *als Erste* im Ziel, riss vor Freude die Arme hoch.
	Alle Attribute (außer dem Adverb) sind **kasusbestimmt**.	der Hut *des Mädchens*: Genitiv
Hilfe zur Unterscheidung des Attributs vom Adverbiale	Bei der Umstellprobe bewegt sich das **Attribut** zusammen mit dem Wort, dessen Bedeutungsinhalt es näher bestimmt bzw. erweitert.	Das Mädchen *mit dem Hut* / schrieb / heimlich / die Autonummer / auf. Heimlich / schrieb / das Mädchen *mit dem Hut* / die Autonummer / auf.
Erweiterung zum Attribut (**Attribut zum Attribut**)	Ein Attribut kann seinerseits erweitert sein. Man sollte solche Erweiterungen zu den Attributen rechnen.	ein *sehr* fröhliches Mädchen, die *hell* strahlende Sonne, die *leuchtend* grüne Farbe
	Das gilt auch für **objektartige Ergänzungen,** die von einem Partizip (vgl. Nr. 14) abhängen.	ein *Kies* transportierender Lastwagen, ein *Fleisch* fressender Hund, die *Rad* fahrenden Kinder [wenn getrennt geschrieben, vgl. Nr. 117]
vorangestellte Appositionen	(Als „vorangestellte Appositionen" werden gelegentlich Substantive [Nomen] wie die rechts hervorgehobenen bezeichnet. Man sollte sie jedoch **nicht** als Attribut auffassen, sondern als Teil des Subjekts bzw. Objekts, ebenso nachgestellte Adjektive oder nachgestellte Zahlwörter.)	*Kaiser* Karl, *Bürgermeister* Reuter, *Professor* Mayer, *Bäcker* Bube, *Tante* Lotte Otto *der Große* (großgeschrieben, weil Teil des Namens) Karl *der Fünfte* (großgeschrieben, weil Teil des Namens)
Possessiv- und Demonstrativpronomen	Possessivpronomen und Demonstrativpronomen werden **nicht** als Attribute aufgefasst, **sondern** als enge **Begleiter** zum Substantiv (Nomen) angesehen.	*Mein Geschenk* liegt auf dem Tisch. Über *diese CD* freue ich mich besonders.
34 **Hilfe für das Bestimmen der Satzglieder**	Frage immer mit der **Kasusfrage + Verb,** andernfalls geraten Objekt und Attribute durcheinander.	Carlo hielt die Schnur des Drachens. nicht fragen: Wen oder was? sondern: Wen oder was *hielt* Carlo?

Syntax

Hauptsatz und Nebensatz

35

Till merkte sofort,	dass	der Meister jetzt das Haus	verließ.
Hauptsatz	Nebensatz		
	Konjunktion oder Relativpronomen oder Adverb		Personalform des Verbs (finite Verbform)

vgl. Nr. 40

Im **Nebensatz** steht die **Personalform des Verbs** fast immer **am Satzende.**

Unter **Gliedsätzen** werden heutzutage zumeist nur solche Nebensätze verstanden, welche die Rolle eines Satzgliedes ausfüllen (d. h. Adverbiale, Subjekt, Objekt, nicht: Attribut).

Der Hauptsatz

36 Die Arten des Hauptsatzes (die Satzarten)

Aussagesatz

Mein Großvater schenkt meiner Schwester ein neues Fahrrad.

Fragesätze:

Auskunftsfrage

Wann kommen deine Geburtstagsgäste?

Entscheidungsfrage

Kommt Großvater am Nachmittag?

Aufforderungssatz

Gib bitte meiner Schwester den Becher!

37 Zweitstellung der Personalform

Im Aussagesatz ist die **Personalform des Verbs** normalerweise das **2. Satzglied.** Dies ist ein typisches Kennzeichen der deutschen Sprache.

1. Satzglied	Personalform des Verbs	beliebig viele weitere Satzglieder
Till	/ ärgerte	/ in jeder Stadt / einen Handwerksmeister / durch ein absichtliches Missverständnis.

Konjunktionen treten **ungezählt** vor das 1. Satzglied: *Aber* Till / ärgerte / in jeder Stadt ...

Bezeichnung	Leistung	Beispiel

38 Klammerbau im Hauptsatz

a) **Personalform und Verbzusatz klammern** die weiteren Satzglieder (außer dem 1. Satzglied) **ein.**

1. Satzglied	Personalform des Verbs	[beliebig viele weitere Satzglieder]	Verbzusatz
Till	/ **rief**	/ den Bürgern / von seinem Seil herunter / Spottworte	/ **zu.**

b) **Personalform und infinite Form des Verbs klammern** die weiteren Satzglieder **ein.**

1. Satzglied	Personalform des Verbs	[beliebig viele weitere Satzglieder]	infinite Verbform
Till	/ **hat**	/ den Bürgern / von seinem Seil herunter / Spottworte	/ **zugerufen.**
Die Leute	/ **haben**	/ danach / voller Verzweiflung / ihre Schuhe	/ **gesucht.**

39 Satzreihe: Hauptsatz und Hauptsatz

Die Bürger schimpften auf Till,	denn sie waren sehr ärgerlich auf ihn.
Hauptsatz	Hauptsatz

Das Auto fuhr vorbei(,) (Vgl. Nr. 169)	und Katharina sah genau hin.
Katharina wusste die Autonummer,	denn sie hatte gut aufgepasst.
Die Bürger schimpften auf Till,	sie waren ärgerlich auf ihn.

Der 2. Hauptsatz kann mit einer Konjunktion beginnen, aber auch ohne. (Vgl. Nr. 161.)

Der Nebensatz

40 Satzgefüge: Hauptsatz und Nebensatz

Im Nebensatz steht die Personalform des Verbs fast immer am Satzende.

Hilfe zur Unterscheidung:

Hauptsatz
Im **Hauptsatz** steht die **Personalform** des Verbs **an zweiter Stelle:**

Nebensatz
Im **Nebensatz** steht die **Personalform** des Verbs **am Satzende,** als hintere Satzklammer:

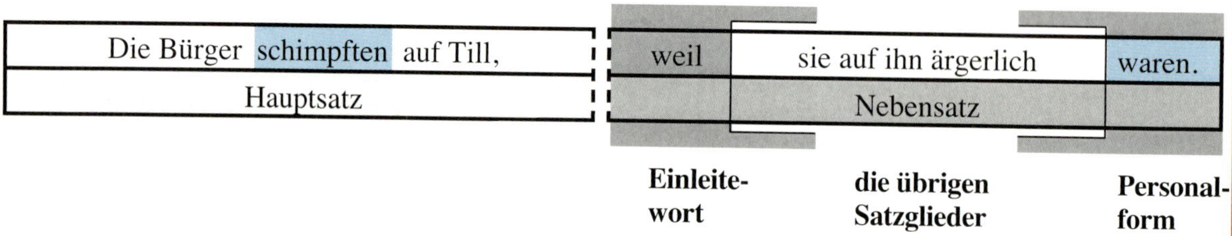

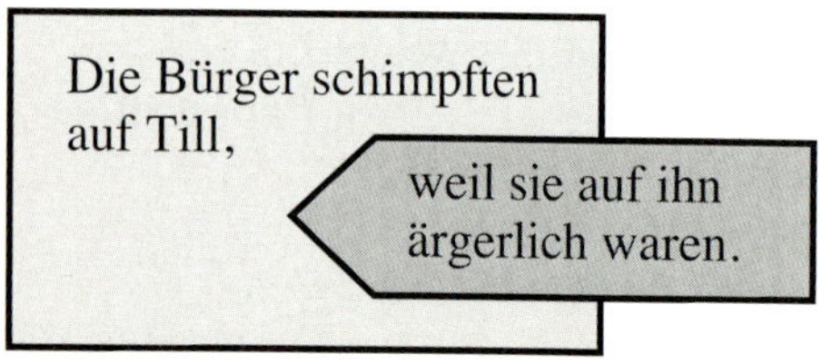

Satzgefüge
Der Inhalt des Nebensatzes ordnet sich dem Inhalt des Hauptsatzes ein. Der Hauptsatz ist dem Nebensatz übergeordnet; der Nebensatz ist untergeordnet. Beide zusammen bilden ein inhaltliches Ganzes und somit ein **Satzgefüge.**

41 Klammerbau im Nebensatz

Normalerweise werden im Nebensatz durch **Einleitewort** und **Personalform des Verbs** die übrigen Satzglieder **eingeklammert.**

vordere Nebensatzklammer

Einleitewörter:

Einleitewörter:	unterordnende Konjunktionen	dass, weil, als, nachdem, wenn, obwohl usw.
	Relativpronomen	der, die, das; welcher; wer, was
	Adverbien (Relativadverbien, Frageadverbien)	woher, wo, wann, wie, weshalb usw.

hintere Nebensatzklammer

	Personalform des Verbs	dass er das Haus *verließ* weil sie gut aufgepasst *hatte*

Bezeichnung	Leistung	Beispiel
42 Einteilung der Nebensätze		
a) nach der Form		
Konjunktionalsatz	eingeleitet mit Konjunktion	*weil* wir verreisen
Relativsatz	eingeleitet mit – Relativpronomen – Präposition + Relativ-pronomen – Relativadverb	(der Ball), *den* wir mitnehmen (der Zug), *mit* *dem* wir fahren müssen *wohin* wir fahren wollten
(satzwertige) Infinitivgruppe	satzwertige Wortgruppe mit Infinitiv + „zu“: – erweiterter Infinitiv mit „zu“ – Infinitiv mit „um zu“, „ohne zu“, „(an)statt zu“, „als zu“, „außer zu“	(lässt sich in einen Nebensatz umwandeln; z.B. → dass sie … kaufen wollte) Sie beschloss, *erst auf der Insel einen Ball zu kaufen*. (Vgl. Nr. 159) *um zu fragen* (vgl. Nr. 158)
(satzwertige) Partizipgruppe	satzwertiges Partizip: – erweitertes Partizip I – erweitertes Partizip II	(lässt sich in einen Nebensatz umwandeln) *vor Freude hüpfend* (vgl. Nr. 160) *Vom Schwimmen ganz erschöpft* (,) torkelten wir aus der Halle. (vgl. Nr. 160)
Nebensatz ohne Einleitewort (vgl. Nr. 43)	meist in indirekter Rede	(Er glaubte), der Zug *habe* direkten Anschluss.
indirekter Fragesatz (vgl. Nr. 43)	lässt sich in einen direkten Fragesatz umwandeln: Kommst du schon morgen?	(Sie fragte,) *ob* er schon morgen *komme*.
b) nach der inhaltlichen Bedeutung		
1. Gliedsätze		
• Adverbialsätze	Nebensätze in der Rolle eines Adverbiale	Sie hüpfte, *weil sie sich freute*. (= Sie hüpfte *vor Freude*.)
Erscheinungsform:	Nebensatz, meist mit Konjunktion als Einleitewort	*weil* sie sich freute
Art des Adverbialsatzes:	macht eine Angabe über:	
temporal	Zeit	*als* sie es merkten
konditional	Bedingung, Voraussetzung	*wenn (falls)* sie es merken
kausal	Grund, Ursache	*weil* es eine Überraschung war
final	Zweck, Absicht	*damit* sie sich freuen
konsekutiv	Folge, Wirkung	*sodass* (auch: *so dass*) sie lachen mussten
konzessiv	Einräumung, Zugeständnis	*obwohl* er es versteckt hatte
modal	Art und Weise	*indem* (oder *dadurch, dass*) er das Paket unter den Tisch stellte

Bezeichnung	Leistung	Beispiel
adversativ	Gegensatz	(Er suchte), *während* sie scharf beobachtete.
lokal	Ort	*Wo* vorhin das Packpapier lag, fand sie jetzt ein Schlüsselchen.
komparativ	Vergleichssatz	Er verhält sich so, *wie* es auch sein Bruder in dieser Lage getan hat.
• Objektsätze	Nebensätze in der Rolle eines Objekts, meist Akkusativobjekts	Er bedauerte, *dass er sich geirrt hatte.* (= Er bedauerte *seinen Irrtum.*)
• Subjektsätze	Nebensätze in der Rolle eines Subjekts	*Dass du mir schreiben willst,* freut mich besonders. (= *Deine Absicht* freut mich besonders.) *Wer müde ist,* muss früh ins Bett. (= *Der Ermüdete* muss früh ins Bett.)
2. Attributsätze	Nebensätze in der Rolle eines Attributs	(... das Geschenk,) *das* wir versteckt hatten
Erscheinungsform:	Nebensatz, meist mit Relativpronomen als Einleitewort (vgl. Nr. 42 a))	der, die, das; welcher; wer, was (vgl. Nr. 7 d))
c) nach der Stellung		
Vordersatz	– vor	*Weil Katharina genau hingesehen hatte,* wusste sie die Autonummer.
Zwischensatz	– in	Katharina wusste, *weil sie genau hingesehen hatte,* die Autonummer.
Nachsatz	– nach dem übergeordneten Satz	Katharina wusste die Autonummer, *weil sie genau hingesehen hatte.*
43 Nebensätze mit besonderem Bauplan	normaler Bauplan: s. Nr. 40 und 41	
indirekte Rede (vgl. Nr. 42 a))	Till behauptete, er sei ein Bäckergeselle. (Begleitsatz) (Wiedergabesatz) Die Personalform des Verbs ist ein Konjunktiv I und steht als 2. Satzglied; der Nebensatz hat kein Einleitewort.	
indirekter Fragesatz (vgl. Nr. 42 a))	Till fragte, *was er tun solle.* Danach fragte er, *ob er jetzt anfangen solle.* Einleiteworte: Fragepronomen, Frageadverb, Konjunktion *(ob)* Indirekte Fragesätze lassen sich **in direkte Fragen umwandeln:** → Was soll ich tun? (Auskunftsfrage) → Soll ich jetzt anfangen? (Entscheidungsfrage)	
Konditionalsatz ohne Einleitewort	*Kommt er zurück,* so ist er sicher sehr erstaunt. *Käme er zurück,* so wäre er sicher sehr erstaunt. Solche Nebensätze lassen sich umwandeln in Konditionalsätze mit Einleitewort: → *Wenn* er zurückkommt, ist er sicher sehr erstaunt. → *Wenn* er zurückkäme, wäre er sicher sehr erstaunt.	

Wortarten, Satzglieder, Satzarten

44 Ein Vergleich

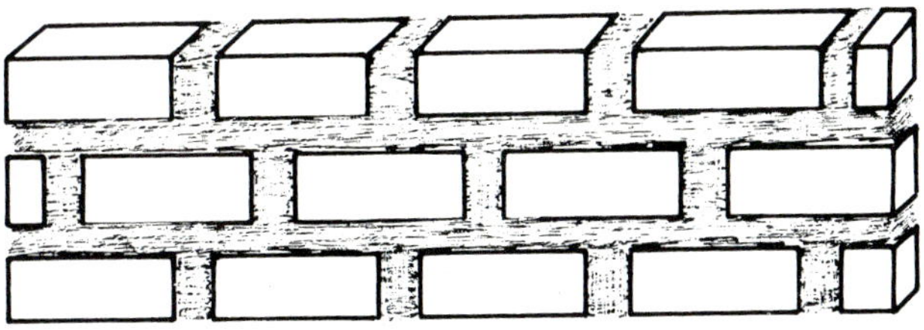

Ute ruft ihren Bruder.

Eine gemauerte Wand lässt sich betrachten als:

roter Ton Mörtel roter Ton Mörtel ... 1. **Baustoffe**

Stein Fuge Stein Fuge ... 2. **Teile der Wand**

Mauer 3. **ganze Wand**

Eine sprachliche Äußerung lässt sich betrachten als:

1. **Wörter**
2. **Satzglieder**
3. **Satz**

Ute	ruft	ihren	Bruder
Subst.	Verb	Poss. pron.	Subst.
Subj.	Präd.	Akk.obj.	
Hauptsatz			

Notiz zum Adverb im Deutschen und in Fremdsprachen
(Ergänzung zu Nr. 9)

ursprüngliche Adverbien:

	hier,	dann,	so	usw.

Auch in anderen Sprachen gibt es Adverbien dieser Art:

Englisch:	here,	then,	thus
Französisch:	ici,	alors,	ainsi
Latein:	hic,	tum,	ita.

abgeleitete Adverbien:
In den Fremdsprachen gibt es außerdem die Möglichkeit, Adverbien durch **Ableitung** zu bilden. An ein Adjektiv wird ein **Suffix** (vgl. Nr. 94) angehängt.

		abgeleitetes Adverb:
Englisch:	Adjektiv + ly	quick*ly* The boy ran *quickly* . ferner: clear*ly*, sure*ly*, beautiful*ly*, terrib*ly*, easi*ly*
Französisch:	Adjektiv + ment	rapide*ment*
Latein:	Adjektiv + iter (Es gibt noch weitere Suffixe.)	celer*iter*

Im heutigen Deutsch gibt es eine solche Möglichkeit der Wortbildung **nicht.** Im Deutschen wird an den entsprechenden Stellen **ein Adjektiv in adverbiellem Gebrauch** verwendet.

Der Junge lief *schnell* . Das Wort *schnell* ist in diesem Satz ein Adjektiv.
(Vgl. Nr. 6: Boris sortiert die Fotos *sorgfältig*.)

	Mein	Großvater	schenkt	meinem	kleinen	Bruder	einen	bunten	Ball.
Wortarten:	Poss. pron.	Subst.	Verb	Poss. pron.	Adjektiv	Subst.	Artikel	Adj.	Subst.
Satzglieder:	Subjekt		Prädikat	Dat.objekt	(Attribut)		Akk.objekt	(Attribut)	
Satzart:	Hauptsatz								

	Meine	Schwester	hat	für	ihre	Fahrt	nach	Münster	eine	halbe	Stunde	gebraucht,
Wortarten:	Poss. pron.	Subst.	Verb	Präp.	Poss. pron.	Subst.	Präp.	Subst.	Art.	Numerale	Subst.	Verb
Satzglieder:	Subjekt		Präd.	präpos. Objekt			(Attribut)		Akk.objekt	(Attr.)		Präd.
Satzart:	Hauptsatz											

	Als	das	Gewitter	ausbrach,	war	sie	schon	im	Gebäude;
Wortarten:	Konj.	Art.	Subst.	Verb	Verb	Pers. pron.	Adverb	Präp. + Art.	Subst.
Satzglieder:	(Einleitewort)	Subjekt		Prädikat	Präd.	Subj.	Adverbiale der Zeit (Temporaladv.)	Adverbiale des Ortes (Lokaladv.)	
Satzart:	Nebensatz Adverbialsatz				Hauptsatz				

	Gabis	Bruder,	der	mit	der	Bahn	nach	Osnabrück	gefahren war,
Wortarten:	Subst.	Subst.	Rel. pron.	Präp.	Art.	Subst.	Präp.	Subst.	Verb
Satzglieder:	Subjekt (Attr.)		Subj.	Adverbiale des Mittels (Instrumentaladv.)			Adverbiale der Richtung (Direktivadv.)		Prädikat
Satzart:	Haupt- →		Nebensatz Attributsatz						

denn	sie	hat	kräftig	in	die	Pedale	getreten.
Konjunktion	Pers. pron.	Verb	Adjektiv	Präp.	Art.	Subst.	Verb
(Satzverknüpfung)	Subj.	Präd.	Adverbiale der Art und Weise (Modaladv.)	Adverbiale der Richtung (Direktivadv.)			Präd.
Hauptsatz							

sie	blieb	daher	trocken.
Pers. pron.	Verb	Adverb	Adjektiv
Subj.	Prädikat	Adverbiale des Grundes (Kausaladv.)	Prädikativ
Hauptsatz			

suchte	eine	Telefonzelle,
Verb	Art.	Substantiv
Präd.	Akk.obj.	
← -satz		

um	nach	Hause	zu	telefonieren.
Konj.	Präp. →	Subst. →	Konj.	Verb
(Einleitewort)	Adverbiale der Richtung (Direktivadv.)		Infinitiv mit „zu" Prädikat	
Infinitivgruppe				

Rechtschreibung

Rechtschreibhilfen

46 **Rechtschreibhilfe I (Verlängern):** Wenn man nicht genau weiß, wie der **Endlaut** geschrieben wird, so **verlängert** man das Wort;

bei Substantiven (Nomen):
- Plural
- oder Genitiv
- oder Dativ
- oder eine Ableitung bilden;

bei Adjektiven:
- mit einem Substantiv (Nomen) zusammenstellen
- oder steigern.

Problem			**Verlängerung**
b/p	Die*b*	→	die Die*b*e (Plural) des Die*b*es (Genitiv)
	Lum*p*	→	Lum*p*en (Plural)
	Stau*b*	→	im Stau*b*e (Präposition + Dativ) stau*b*ig (Ableitung)
	gel*b*	→	die gel*b*en Blüten (mit Substantiv [Nomen] zusammenstellen)
	gro*b*	→	grö*b*er (steigern)
d/t	Ra*d*	→	Rä*d*er
	Staa*t*	→	Staa*t*en
g/k	Klan*g*	→	Klän*g*e
	Schran*k*	→	Schrän*k*e
g/k/ch	Ta*g*	→	Ta*g*e
	lusti*g*	→	der lusti*g*e Einfall
	Tei*ch*	→	Tei*ch*e
	Tei*g*	→	tei*g*ig
	ähnli*ch*	→	ähnli*ch*er

47 **Rechtschreibhilfe II (Ableiten):** Wenn man im Zweifel über die richtige Schreibweise ist, hilft oft die Frage, von welchem **Stammwort** (manchmal auch Grundwort genannt) das Wort abgeleitet ist.

Problem	**Ableitung**		
ä/e	*Ä*rmel	<	*A*rm (Stammwort suchen)
	H*ä*nde	<	H*a*nd (Singular bilden)
äu/eu	K*äu*fer	<	K*au*f (Stammwort suchen)
h	Verhö*h*nung	<	Ho*h*n
ff/f	ö*ff*nen	<	o*ff*en
pf/f	*Pf*örtner	<	*Pf*orte

Wenn man nicht genau weiß, wie man einen Laut **im Wortinneren einer Verbform** schreiben soll, hilft oft die Schreibung des **Infinitivs** (Grundform, Nennform).

Problem	**Personalform**		**Infinitiv**
b/p	er glau*b*t	<	glau*b*en
	es pie*p*t	<	pie*p*en
g/k	der Chor sin*g*t	<	sin*g*en
	das Schiff sin*k*t	<	sin*k*en
s/ß	sie rei*s*t	<	rei*s*en
	er rei*ß*t	<	rei*ß*en
h	sie ge*h*t	<	ge*h*en
	getan	<	tun (*ohne* h)
	sie sa*h*	<	se*h*en

Wenn im Infinitiv eines Verbs als Längezeichen ein **Fugen-h** (vgl. Nr. 66) geschrieben wird, so wird das **h** auch in allen anderen Verbformen, wo dies möglich ist, verwendet. (Vgl. Nr. 67.)

Lange und kurze Vokale: Übersicht

48

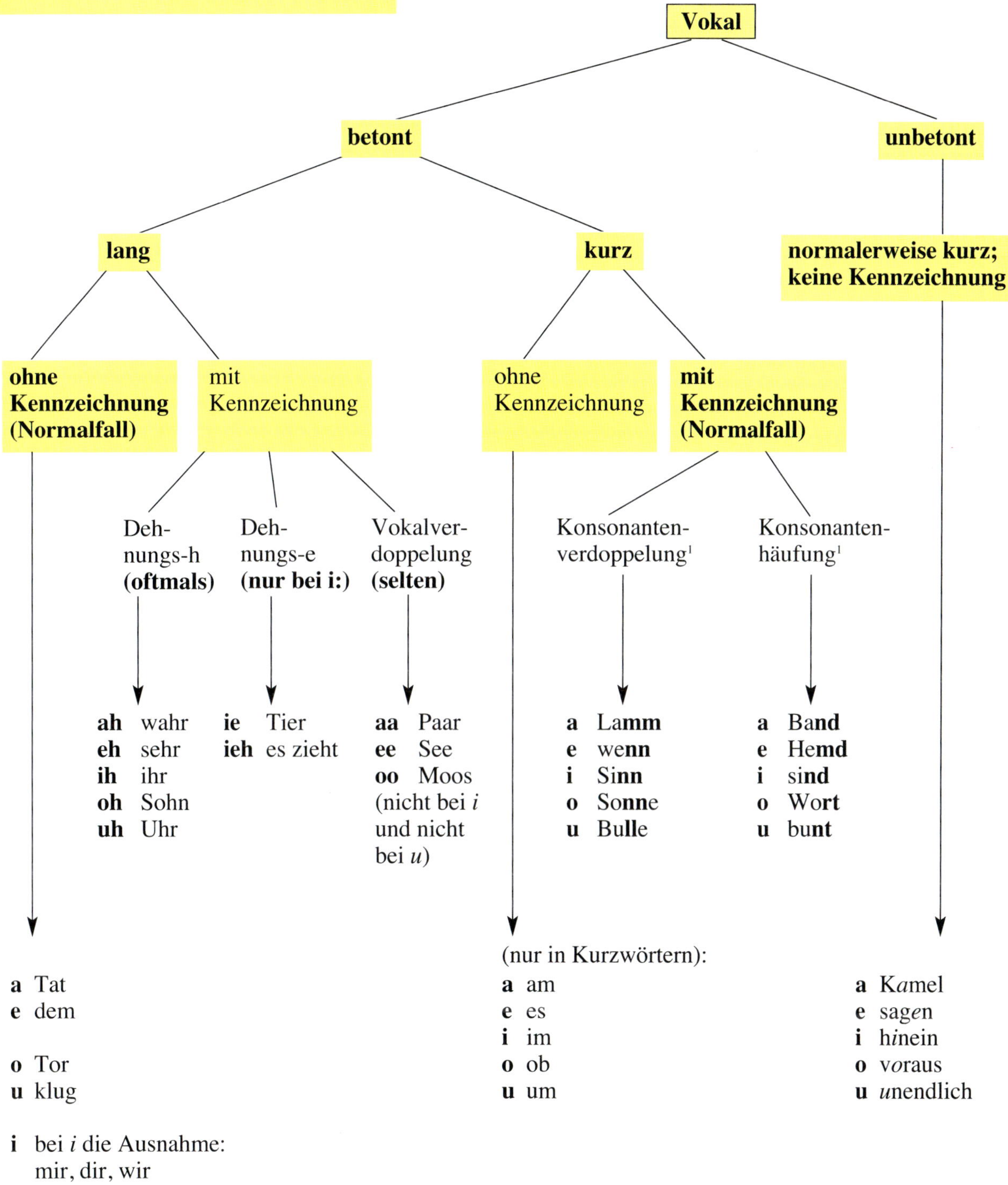

[1] Für den Sonderfall Häufung + Doppelung (sie ka*nnt*e, er ke*nnt*, er spi*nnt*, du so*llst*, du mu*sst*) siehe Nr. 61f.

Lange und kurze Vokale: Grundsätze

49 **1. Grundsatz:**

Die **Vokallänge** wird bei der schriftlichen Wiedergabe

- zumeist **nicht gekennzeichnet,** z.B. s*a*gen,
- manchmal durch ein **Längezeichen** gekennzeichnet:[1]
  - entweder durch ein **Dehnungs-h,** z.B. Sa*h*ne (vgl. Nr. 66 u. 67)
  - oder ausnahmsweise durch **Verdoppelung** des Vokalbuchstabens (nur bei a, e, o), z.B. S*aa*l, S*ee*, B*oo*t;
  - beim i-Laut häufig durch ein **Dehnungs-e,** selten auch durch **-eh**, z.B. d*ie*, V*ieh*.
- Alle **Diphthonge (Zwielaute)** (vgl. Nr. 53ff.) sind ihrer Natur nach lang und werden normalerweise ohne Längezeichen geschrieben, z.B. Fr*au*, fr*ei*, M*ai*; Ausnahmen in Nr. 53.

2. Grundsatz:

Die **Vokalkürze** wird bei der schriftlichen Wiedergabe **nur in betonten Silben** gekennzeichnet. Als **Kürzezeichen** wird verwendet

- entweder die **Konsonantenverdoppelung,** z.B. Hi*mm*el, Ka*mm*, Mu*tt*er

  (Als Doppelung des Buchstabens k wird das Zeichen ck geschrieben, z.B. Sa*ck*, als Doppelung des Buchstabens z das Zeichen tz, z.B. Ka*tz*e.)

  (Die Zeichen ch, sch und pf werden nie verdoppelt, z.B. fri*sch*, klo*pf*en, ko*ch*en.)

- oder die **Konsonantenhäufung,** z.B. Gu*rk*e, Ka*nt*e, La*nd*, O*rt*.

[1] Die Verschiedenartigkeit der Längezeichen ergibt sich aus Unterschieden in der sprachgeschichtlichen Lautentwicklung der einzelnen Wörter im Laufe von Jahrhunderten.

Lange Vokale: Besonderheiten

50	Beispiele für **Buchstabenverdoppelung** bei **langen Vokalen:**	*Aa*l, das P*aa*r, ein p*aa*r, S*aa*l, S*aa*t, St*aa*t; All*ee*, Arm*ee*, B*ee*t, F*ee*, G*ee*st, H*ee*r, Himb*ee*re, Kaff*ee*, l*ee*r, M*ee*r, M*ee*rrettich, Masch*ee*, R*ee*derei, S*ee*, Schn*ee*, Sp*ee*r, T*ee*r; B*oo*t, M*oo*r, M*oo*s, Z*oo*
	Umlaute werden nie verdoppelt:	das Härchen < das H*aa*r, das Pärchen < das P*aa*r, die Säle < der S*aa*l

51 In einigen Wörtern wird der Vokal trotz Konsonantenhäufung lang gesprochen. (Ausnahme vom 2. Grundsatz, Nr. 49)

Bart
Herd, Krebs, Pferd, der Wert, wert(voll)
der erste, zuerst
Mond

---

52 **Unterscheidungsschreibungen:** gleichklingende Wörter – verschiedene Schreibungen – verschiedene Bedeutungen.
Wenn **Gleichklinger** unterschiedlich geschrieben werden, haben beide Schreibungen **verschiedene Bedeutungen (Wortinhalte)**.

M*a*l (das zweite Mal)	– M*ah*l (Essen)
m*a*len (mit dem Pinsel)	– m*ah*len (mit der Mühle)
N*a*me	– Einn*ah*me
die W*a*gen (zum Fahren)	– die W*aa*gen (zum Wiegen)
W*a*l (Tier)	– W*ah*l
er w*a*r	– w*ah*r
l*ee*ren	– l*eh*ren
M*ee*r	– m*eh*r
s*ee*lisch (die Seele, das Innenleben betreffend)	– s*e*lig (glücklich, die ewige Glückseligkeit betreffend)
L*ie*d (Gesang)	– L*i*d (Augenlid)
M*ie*ne (im Gesicht)	– M*i*ne (im Bergwerk, Kupfermine)
St*ie*l (Stock)	– St*i*l (Form, Art)
w*ie*der (noch einmal)	– w*i*der (gegen) w*i*dersprechen, W*i*derstand
der B*o*te	– die B*oo*te
S*oh*le (unter dem Schuh)	– S*o*le (salzhaltiges Wasser)
*Uh*rzeit (wie spät es ist)	– *U*rzeit (Vorzeit); *u*ralt
*Ä*hre (am Halm)	– *E*hre
es ist sp*ä*t	– sie sp*äh*t
die Bl*ü*te	– die Rose bl*üh*te

Diphthonge (Zwielaute): au; ei – ai; eu – äu

53 In der deutschen Rechtschreibung gibt es fünf Schreibungen für Diphthonge (Zwielaute):
- **au** — Maus
- **ei** und **ai** — Reis; Mais
- **eu** und **äu** — heute; Häute

Alle Diphthonge sind **lange Vokale.**
In einigen Wörtern steht (ausnahmsweise) nach dem Diphthong *ei* ein Fugen-h (vgl. Nr. 66 f)).

gedei*h*en, lei*h*en, verzei*h*en
Rei*h*e, Rei*h*er, Wei*h*er

---

54 **ei** und **ai** klingen in der deutschen Standard-Aussprache vollkommen gleich.
Es gibt keine Denkregel dafür, weshalb für ein Wort in der Rechtschreibung das eine oder das andere Zwielaut-Zeichen genommen werden muss.

Die **Schreibung mit ei** ist der normale Fall:
dein, Seife, Eifer, seit usw.

Die Zahl der **Wörter mit ai** ist gering:
Hai, Kaiser, Laie, Mai, Mais, Waise (elternloses Kind); Hain (Wäldchen), Laib (Brot), Laich (Fischeier), Maid, Rain (Ackergrenze), Saite (am Musikinstrument)

55 **Unterscheidungsschreibung** (vgl. Nr. 52)

L*ai*b (Brot) – L*ei*b (Körper)
S*ai*te (am Musikinstrument) – S*ei*te (im Buch; rechte und linke Seite)
W*ai*se (elternloses Kind) – W*ei*se (Art und Weise; Melodie)

56 **eu** und **äu** klingen in der deutschen Standard-Aussprache vollkommen gleich.
Ob ein Wort mit **äu** geschrieben wird, kann man meistens mit **Rechtschreibhilfe II** (Ableiten) feststellen (vgl. Nr. 47).

Br*äu*tigam	<	Br*au*t	M*äu*se	<	M*au*s
einz*äu*nen	<	Z*au*n	R*äu*ber	<	R*au*b
Geb*äu*de	<	b*au*en	r*äu*chern	<	R*au*ch
Geh*äu*se	<	H*au*s	s*äu*bern	<	s*au*ber
gl*äu*big	<	gl*au*ben	S*äu*gling	<	s*au*gen
Gr*äu*el	<	Gr*au*en	S*äu*re	<	s*au*er
h*äu*fig	<	H*au*fen	t*äu*schen	<	T*au*sch
l*äu*ten	<	l*au*t	tr*äu*men	<	Tr*au*m

ohne regelhafte Herleitung:
Knäuel, räuspern, Säule, sich sträuben

57 **Unterscheidungsschreibung** (vgl. Nr. 52)

h*eu*te – H*äu*te (< H*au*t)

Kurze Vokale: Besonderheiten

58 In einigen Wörtern wird nach betontem kurzem Vokal der folgende Konsonantenbuchstabe **nicht verdoppelt:**

– in einigen Kurzwörtern,

Präpositionen und Konjunktionen:
an, in, um; ab, bis, mit, ob
Adverbien: drin, hin, dran
Substantive (Nomen):
Bus, As
Pronomen und Artikel:
das, der, des, es, was, wes; man

Beachte jedoch:
ma*n* ↔ Ma*nn* (Unterscheidungsschreibung)
de*s* ↔ de*ss*en   i*n* ↔ i*nn*en
we*s* ↔ we*ss*en   dri*n* ↔ dri*nn*en

Regelgerecht werden geschrieben:
da*nn*, da*ss*, de*nn* (Konjunktion), wa*nn*, we*nn*

– in zwei Verbformen: **bin – hat,**

ich bin; er hat   aber: er ha*tt*e (regelgerecht)

– in einigen **Substantiven (Nomen)** vom Typ Himbeere.

Bro*m*beere, Hi*m*beere, I*m*ker, I*m*biss, Spe*r*ling, Wa*l*nuss

59 In einigen Wörtern wird der Konsonantenbuchstabe **verdoppelt, obwohl** der vorausgehende kurze Vokal **nicht betont** ist (Ausnahme vom 2. Grundsatz, Nr. 49): – Verlängerungen von Wörtern mit den **Wortendungen** • **-in** • **-nis** und **-is** • **-as** und **-os** • **-us**	Fahrerin → Fahrerin*nn*en Ergebnis → Ergebni*ss*e Kürbis → Kürbi*ss*e Ananas → Anana*ss*e Rhinozeros → Rhinozero*ss*e Omnibus → Omnibu*ss*e
– Wörter, die auf ein **Grundwort** (Stammwort der Wortfamilie) **mit Konsonantenverdoppelung** zurückzuführen sind,	kontro*ll*ieren < Kontro*ll*e nu*mm*erieren < Nu*mm*er; auch Nu*mm*erierung
– einige **Fremdwörter** mit stimmlosem (scharfem) s-Laut im Inlaut,	Disku*ss*ion, Fa*ss*ade, Ka*ss*ette, Mi*ss*ion, pa*ss*ieren, Po*ss*e*ss*ivpronomen, Reze*ss*ion
– einige andere Fremdwörter.	A*ff*ekt, a*k*kurat, A*ll*ee, Ba*tt*erie, Di*ff*erenz, E*ff*ekt, I*ll*usion, ko*rr*ekt, Lo*tt*erie, Mi*ll*ion, O*pp*osition, Porze*ll*an, ra*ff*iniert
60 Der gleiche Konsonantenbuchstabe kann **in zusammengesetzten Wörtern dreifach** stehen.	Schi*fff*ahrt, Schwi*mmm*eister (zugelassene Nebenschreibungen: Schiff-Fahrt, Schwimm-Meister, Wett-Turnen, vgl. Nr. 110); We*ttt*urnen, Bre*nnn*essel, Fe*tt*topf, Be*tt*tuch, Schne*lll*äufer, Beste*lll*iste; Flu*sss*enke, Flu*sss*trecke
Bei einigen Wörtern steht nur der **Doppelkonsonant** (also kein Dreifachkonsonant).	Mi*tt*ag, de*nn*och, Dri*tt*el
61 **Kombination von Konsonantenverdoppelung und -häufung:** Die beiden Kürzezeichen (Verdoppelung und Häufung) stehen im Entweder-oder-Verhältnis zueinander, vgl. 2. Grundsatz, Nr. 49.	Merke: Keine Konsonatenverdoppelung innerhalb einer Konsonantenhäufung! ba*ld*, abstra*kt*, fa*kt*isch, Fa*kt*or, Pa*kt*, pra*kt*isch, Ta*kt*; Dire*kt*or, ele*kt*risch, Inse*kt*, Inspe*kt*or, korre*kt*, Perspe*kt*ive, Proje*kt*; me*lk*en, Ne*lk*e, He*rz*; Zi*mt*; Do*kt*or; Produ*kt*; insgesa*mt*, sä*mt*lich; mü*rb*e; die Ka*nt*e; das La*nd*
Dennoch kommt es in drei Fallgruppen zum **Nebeneinanderstehen von Konsonantenverdoppelung und -häufung:** – in **Verbformen und Ableitungen** daraus (vgl. im Einzelnen Nr. 62: Kombinationsregel),	ka*nnt*e, geka*nnt* (< ke*nn*en); beka*nnt*; die Beka*nnt*en; auch: die Erke*nnt*nis (< ke*nn*en)

– in **flektierten (gebeugten) Formen** anderer Wortarten,

der dü*mmst*e (Superlativ < du*mm*), die dü*nnst*e (< dü*nn*), des Si*nn*s (< Si*nn*)

– in **zusammengesetzten Wörtern** als zufälliges Zusammentreffen.

a*llg*emein, a*llm*ählich;
Bru*mmb*är; auch: Scha*ltt*afel, Sa*ndd*orn, Da*mmb*ruch, E*ll*-*b*ogen, Fa*llb*etrachtung; He*mmsch*welle; Mi*ttw*och, Ri*tt*-*m*eister; Scha*llm*auer, Schna*ppsch*uss, Schwi*mmb*ecken, So*nnt*ag; Ste*llw*and, Tre*ffp*unkt, Wo*llm*ütze

---

62 Die **Kombination** von Konsonantenverdoppelung und -häufung (d. h. eine Verdoppelung innerhalb einer Konsonantenhäufung) kommt vor allem bei **Verben** und **Ableitungen von Verben** vor:

– in **Personalformen des Verbs** (gebeugten Formen von Tätigkeitswörtern), wenn der Infinitiv (Grundform, Nennform) eine Konsonantenverdoppelung aufweist,

es bre*nnt*	<	bre*nn*en	sie schwi*mmt*	<	schwi*mm*en
er gli*mmt*	<	gli*mm*en	du so*ll*st	<	so*ll*en
du ka*nnst*	<	kö*nn*en	sie so*nnt* sich	<	sich so*nn*en
sie ka*nnt*e	<	ke*nn*en			
er ke*nnt*	<	ke*nn*en			

– in **Partizipien** (ebenfalls: wenn der Infinitiv eine Konsonantenverdoppelung aufweist)

geka*nnt*	<	ke*nn*en:	ich habe ihn geka*nnt*
gespa*nnt*	<	spa*nn*en:	wir sind gespa*nnt*
verbra*nnt*	<	verbre*nn*en:	verbra*nnt*es Holz

– sowie in **Adjektiven,** die aus einem Verb mit einem Doppelkonsonanten **abgeleitet** sind,

beka*nnt* < ke*nn*en

– und **Substantiven (Nomen)**, die aus einem solchen Adjektiv oder aus einem entsprechenden Partizip oder direkt aus dem Verb **abgeleitet** sind.

unsere Beka*nnt*en	<	beka*nnt*	<	ke*nn*en
der Verba*nnt*e	<	verba*nnt*	<	verba*nn*en
Ke*nnt*nis	<	ke*nn*en		

Außerdem gibt es die Kombination in anderen flektierten (gebeugten) Formen.

dumm +st	<	der dü*mmst*e (Schildbürger)
Kinn +s	<	des Ki*nns* (vgl. Nr. 61)

---

63 **Schreibung des kurzen e/ä-Lautes:** Die Buchstaben **e** und **ä** geben beim Schreiben denselben kurzen Laut wieder: das kurze [ɛ]. Anders als beim langen e und langen ä kann man also beim Kurzvokal keinen Unterschied zwischen e und ä hören.

*E*ndung, verg*e*lten; *Ä*rger, K*ä*lte

ebenso ohne einen hörbaren Unterschied:
*E*ltern – *ä*ltere Mitbürger

Für den kurzen [ɛ]-**Laut** schreibt man dann den **Buchstaben ä**, wenn es ein **Grundwort** (Stammwort) mit **a** gibt (vgl. Nr. 47: **Rechtschreibhilfe II).**

B*ä*nder < B*a*nd
H*ä*lse < H*a*ls
K*ä*lte < k*a*lt
auch:
beh*ä*nde < H*a*nd
überschw*ä*nglich < Überschw*a*ng (< schwingen)

Außerdem schreibt man ä in den nebenstehenden Wörtern.

dämmern, Geländer, Lärm, März, Schärpe

64 Es gibt auch Wörter mit **zwei möglichen Schreibungen (Doppelschreibung).**

Schenke < ausschenken Schänke < Ausschank
aufwendig < aufwenden aufwändig < Aufwand

65 **Unterscheidungsschreibung** (vgl. Nr. 52)

L*e*rche (Vogel) – L*ä*rche (Nadelbaum)

Konsonanten

h

66 Der **Buchstabe h** erfüllt drei unterschiedliche Aufgaben:
- Er gibt einen Laut, den Hauchlaut, wieder **(Sprech-h).**
- Er stellt ein Längezeichen dar **(Dehnungs-h)** (vgl. Nr. 49).
- Er bezeichnet die Fuge zwischen zwei Vokalen (meist einem betonten langen und einem unbetonten kurzen Vokal) **(Fugen-h).**

*H*and, *H*aus, *H*erd, *h*ier, *h*olen, *H*und

Fā*h*ne, Fā*h*rzeug, lā*h*m, Mā*h*lzeit

bejahen wird gesprochen als [bəjá:ən],
nicht: [bəjá:hən]
entsprechend: nahen: [ná:ən]
Mühe: [mý:ə]
Ruhe: [rú:ə]

67 Ein **Fugen-h** bleibt **in allen Formen** und in der **ganzen Wortfamilie** erhalten (und wird dabei oft zum Dehnungs-h, z.B. in Dra*h*t); wichtig vor allem für Verbformen, z.B. ge*h*en → sie ge*h*t.

na*h* (< na*h*e); auch: Nä*h*e
entsprechend: er sa*h* (< se*h*en), auch: ihr sa*h*t;

aus diesem Grund auch: dre*h*en → Dra*h*t,
nä*h*en → Na*h*t

68 Als **Schriftzeichen für die s-Laute** kennt die Rechtschreibung: **s, ß, ss.**

Verwendet man nur Großbuchstaben, so wird das ß durch SS ersetzt: Straße → *STRASSE*.
In der Schweiz wird statt des Zeichens ß immer der Doppelbuchstabe ss geschrieben: Stra*ß*e → *schweizerisch:* Stra*ss*e.

69 s-Laut im Wortinneren

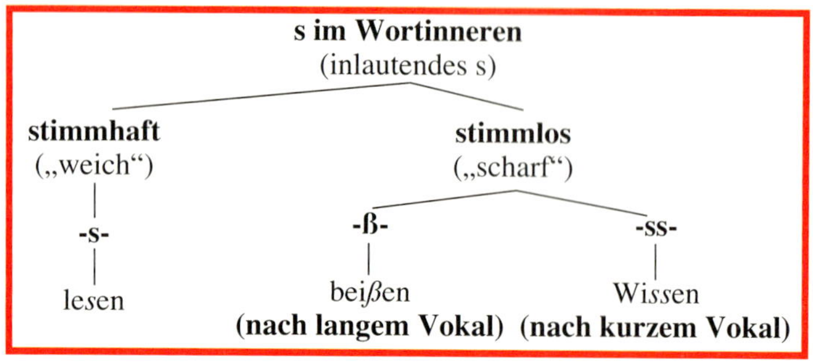

a) Im Wortinneren (im Wortinlaut) wird der **stimmhafte** (weiche) **s-Laut** durch **s** wiedergegeben.

brau*s*en	hinwei*s*en	le*s*en	rei*s*en
Gemü*s*e	Ho*s*e	lo*s*e	sau*s*en
Ha*s*e	lei*s*e	Na*s*e	wei*s*e usw.

b) Im Wortinneren wird der **stimmlose** (scharfe) **s-Laut nach *langem* Vokal** durch **ß** wiedergegeben.

sie fra*ß*en	Mu*ß*e	bei*ß*en	vergrö*ß*ern
wir sa*ß*en	Bu*ß*e	hei*ß*en	entblö*ß*en
flie*ß*en	drau*ß*en	flei*ß*ig	Grü*ß*e
genie*ß*en	au*ß*er	Gefä*ß*e	Fü*ß*e
So*ß*e	Preu*ß*en	Grö*ß*e	Sträu*ß*e
			usw.

c) Im Wortinneren wird der **stimmlose s-Laut nach *kurzem* Vokal** durch **ss** wiedergegeben

pa*ss*en	Kla*ss*e	Ru*ss*e	Schlü*ss*el
la*ss*en	Me*ss*e	Fä*ss*er	Flü*ss*e
Ta*ss*e	Bi*ss*en	Pä*ss*e	Nü*ss*e
Ma*ss*e	Ro*ss*e	Schlö*ss*er	usw.

70 s-Laut am Wortanfang

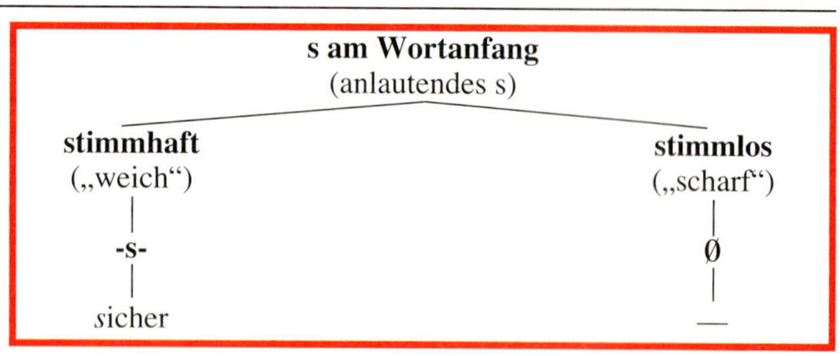

Am **Wortanfang** (im Wortanlaut) steht immer **s-**.

sagen, sauber, Seele, sicher, summen

Das **anlautende s** wird **immer stimmhaft** (weich) gesprochen (vgl. Nr. 69 a)). In der Standard-Aussprache kommt ein anlautendes stimmloses (scharfes) s nicht vor, wohl aber in der gehobenen Umgangssprache in verschiedenen Teilen Süddeutschlands.

Für stimmloses s im *Silben*anlaut (z.B. bei*ß*en, e*ss*en) siehe Nr. 69.

71 s-Laut am Wort- und Silbenende

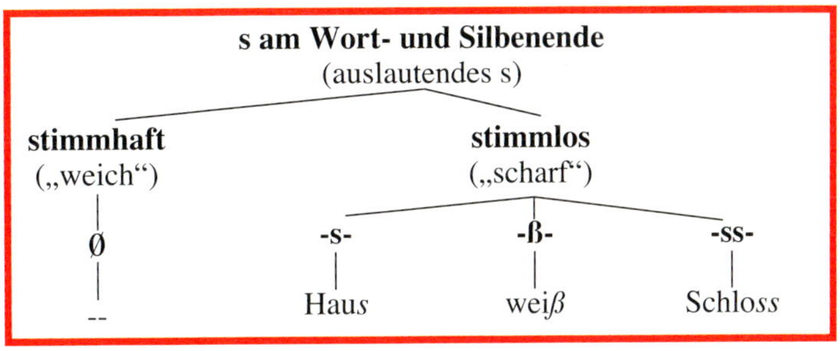

a) Am **Wort- oder Silbenende** (im Auslaut) wird das s **immer stimmlos** (scharf) gesprochen.

b) Das auslautende s wird durch den **Buchstaben s** wiedergegeben

– in solchen Wörtern, die **in ihren flektierten** (gebeugten) **Formen** ein **stimmhaftes** (weiches) **s** aufweisen

die Maus → die Mäuse
der Fels → die Felsen
das Gras → die Gräser → grasen
der Kreis → die Kreise
dies → diese
usw.

– oder in deren **Wortfamilie** ein **stimmhaftes** s vorkommt,

los, löslich (Silbenauslaut) < lösen
sie las < lesen
sie reist < reisen, er speist < speisen

– in einigen **Kurzwörtern,**

das, es (Artikel, Pronomen), was; eines, etwas, nichts;
als, aus, bis, falls, los; Bus, As

– in einigen **Adverbien,** bei denen das s das Kennzeichen der Wortart Adverb ist,

bereits (< bereit; Adverb-Kennzeichen: -*s*),
abends, abwärts, eilends, morgens, nirgends, stets,
unversehens, vollends, vorwärts, zusehends

– in Wörtern mit den **Endungen**
- **-nis** und **-is**
- **-as** und **-os**
- **-us**

Bildnis, Geheimnis, Versäumnis, Zeugnis; Kürbis
Ananas, Atlas, As; Rhinozeros
Globus, Krokus, Omnibus, Bus

– und in einigen sonstigen Wörtern.

Mais, Reis

c) Das auslautende s wird **nach langem Vokal** oder **Diphthong** (Zwielaut) wiedergegeben durch das **Schriftzeichen ß,** sofern das Wort nicht zur Gruppe b) gehört.

das Maß; der Spieß, Grieß; Kloß, groß, bloß; Fuß; Fleiß, weiß, der Schweiß; Strauß usw.

d) Das auslautende s wird nach **betontem kurzem Vokal** wiedergegeben durch den **Doppelbuchstaben ss,** sofern das Wort nicht zur Gruppe b) gehört.

dass (Konjunktion),
blass, Einlass, Fass, lass!, nass, Pass;
essbar (Silbenauslaut), kess, Stress;
der Biss, sie biss, ein bisschen, gewiss, missbilligen (Silbenauslaut);
Amboss, das Ross, Schloss;
Fluss, Kuss, muss, Schluss, Schuss;
grässlich (Silbenauslaut), hässlich (Silbenauslaut) usw.

72 s-Laut + t

s-Laut + t
(immer stimmlos)

st	**ßt**	**sst**
Lu*st*, *st*ark	er hei*ßt*	gewu*sst*

a) In **Verbindung** mit dem **t-Laut** wird das s normalerweise **st** geschrieben.

*st*ark;
Fau*st*, fa*st*, das Fe*st*, fe*st*, Gei*st*, ge*st*ern, hu*st*en, Ka*st*en, Ki*st*e, mei*st*ens, Mi*st*, O*st*en, Re*st*, selb*st*, Tro*st*, We*st*en

Bei manchen Wörtern lässt sich diese Schreibung mit der **Rechtschreibhilfe II** (vgl. Nr. 47) erklären.

sie bewei*st* < bewei*s*en
erlö*st* < erlö*s*en
sie rei*st* (nach Dresden) < rei*s*en

b) In Wörtern, die **ohnehin** ein ß enthalten, wird die Lautverbindung mit t wiedergegeben durch **ßt**.

gie*ß*en → er gie*ßt*
gro*ß* → der grö*ßt*e Erfolg
hei*ß*en → sie hei*ßt*

c) In Wörtern, die **ohnehin** ein ss enthalten, wird die Lautverbindung mit t wiedergegeben durch **sst**.

kü*ss*en → gekü*sst*
mü*ss*en → sie mu*sst*en
wi*ss*en → sie wu*sst*en, gewu*sst*, bewu*sst*, Bewu*sst*sein

---

73 Besonderheiten bei **ss + st**: Beim Zusammentreffen von ss und st wird **ein *s* ausgestoßen:**

– in der 2. Person Singular (Präsens Indikativ) von **Verben mit *s*, *ß* oder *ss*,**

rei*s*en – du rei*st* (nicht: reis + st → * reisst)[1]
bei*ß*en – du bei*ßt* (nicht: beiß + st → * beißst)
ha*ss*en – du ha*sst* (nicht: hass + st → * hassst) usw.

– auch bei Verben mit *tz* oder ***x*,**

si*tz*en – du sit*zt* (nicht: sitz + st → * sitzst)
mi*x*en – du mi*xt* (nicht: mix + st → * mixst)

– manchmal in Superlativen von **Adjektiven mit s-Laut.**

groß – der grö*ßt*e (nicht: größ + ste → *größste) usw.

1) Der Stern bedeutet: fehlerhaft, existiert nicht

---

74 Wortreihen mit **wechselnder s-Schreibung:** Bei den Stammformen mancher Verben (vgl. Nr. 18) und innerhalb mancher Wortfamilien **wechseln Vokallänge und Vokalkürze** miteinander; dementsprechend wechseln auch die Schreibungen des s-Lautes.

bei*ß*en – er bi*ss* – gebi*ss*en – der Bi*ss* – ein Bi*ss*en – ein bi*ss*chen usw.
flie*ß*en – er flo*ss* – geflo*ss*en – flie*ß*end – der Flu*ss* – flü*ss*ig
genie*ß*en – er geno*ss* – geno*ss*en – der Genu*ss*
wi*ss*en – er wei*ß* – er wu*ss*te – Gewi*ss*en – Bewu*sst*sein

---

75 Unterscheidungsschreibung (vgl. Nr. 52)

er bi*ss*	– bi*s*
er fa*sst*	– fa*st*
du ha*sst* (< ha*ss*en)	– du ha*st* (< haben)
sie i*sst* (< e*ss*en)	– sie i*st* (< sein)
sie lie*ß* (die Arme sinken)	– Lie*s* einmal das! (< le*s*en)
es mi*sst* (< me*ss*en)	– Mi*st*
sie rei*ßt* (< rei*ß*en)	– sie rei*st* (< rei*s*en)

Beachte auch (bei unterschiedlicher Vokallänge):

die Ma*ss*e	– die Ma*ß*e

Die das/dass-Regel

76 a) **Der Sinn der Regelung** ist es, das Lesen erheblich zu erleichtern. Die Lesenden können die Konjunktion *dass* und die entsprechenden Nebensätze sofort erkennen und somit beim Lesen die Satzgefüge besser durchschauen.

das	–	**Pronomen** (Relativpron., Demonstrativpron.) **Artikel**
dass	–	**unterordnende Konjunktion**

b) **Ersatzprobe:** Ein **das/dass** nach einem Komma schreibt man dann **mit -s**, wenn man es durch ***welches*** oder ***dies*** ersetzen kann.

Das Auto, das wir gekauft haben, hat vier Türen.
= Das Auto, *welches* wir gekauft haben, …
→ **Relativpronomen**

Daniel sagte, das sei ihm neu.
= Daniel sagte, *dies* sei ihm neu.
→ **Demonstrativpronomen**

Ilse sagte, das Buch liege noch auf dem Tisch.
= Ilse sagte, *dies* Buch liege noch auf dem Tisch.
→ **Artikel**

c) **Ersatzprobe:** Wenn man ein **das/dass nach einem Komma** jedoch **nicht** durch ***welches*** oder ***dies*** ersetzen kann, wird es **mit -ss** geschrieben.

1. Lisa sagte, dass sie diese Antwort nicht erwartet hatte.
2. * Lisa sagte, welches sie diese Antwort nicht erwartet hatte: ein ungrammatischer Satz!
3. * Lisa sagte, dies sie diese Antwort nicht erwartet hatte: ein ungrammatischer Satz!

Also: Das Ersetzen ist nicht **nicht möglich;** vielmehr gilt: **das/dass** ist **unterordnende Konjunktion** und wird daher mit **-ss** geschrieben.

d) Auch am Satzanfang wird ein **das/dass** mit -ss geschrieben, wenn man es nicht durch *dies* ersetzen kann.

Dass wir gewinnen würden, hatte ich nicht mehr geglaubt.

77 **Doppelschreibung:** Die Konjunktion **sodass** kann in einem Wort, sie darf aber auch in zwei Wörtern geschrieben werden.

Sie passte nicht auf, **sodass** sie den zugespielten Ball verfehlte.
auch möglich: …, **so dass** sie den Ball verfehlte.

z – tz

78 Der **Buchstabe z** und die **Buchstabenverbindung tz** geben eine Lautkombination wieder: [*ts*]. Sie klingen vollkommen gleich, werden aber in der Rechtschreibung unterschiedlich verwendet:
– Das *z* steht nach langem Vokal.

Brezel (das *e* ist standardsprachlich lang), duzen, Heizung, Kapuze, Kauz, Kreuzung, reizen;

– Das *z* steht auch nach Konsonanten,

Ar*z*t, Her*z*, Hol*z*, jet*z*t, Kan*z*ler, Konferen*z*, kur*z*, tan*z*en, Sal*z*

– das *tz* nur nach betontem kurzem Vokal.

Klo*tz*, Me*tz*ger, Ne*tz*, Nu*tz*en, Pla*tz*, Pu*tz*, Wi*tz*

In einigen **Fremdwörtern** wird der **Doppelbuchstabe zz** verwendet.

Ja*zz*, Pi*zz*a, Ra*zz*ia, Ski*zz*e; Interme*zz*o

ck – kk

79 Das **Schriftzeichen ck** ist eine besondere Form von **Buchstabenverdoppelung.** Es steht nur hinter einem **betonten kurzen Vokal**, nie hinter einem Konsonanten. Es dient der Kennzeichnung der Vokalkürze (siehe Nr. 49).

di*ck*, Zu*ck*er

Das Zeichen ck steht **anstelle von kk.**

z. B. Blo*ck*, Fle*ck*, Sa*ck*, spu*ck*en, Stü*ck*, Tri*ck*

Nur in wenigen **Fremdwörtern** wird **als Ausnahme kk** geschrieben.

A*kk*lamation, A*kk*ord, A*kk*ordeon, A*kk*u (Kurzwort aus: A*kk*umulator), a*kk*urat, A*kk*usativ, Ma*kk*aroni, Mo*kk*a, O*kk*upation, Pi*kk*olo (auch: Pi*cc*olo), Sa*kk*o

ch am Wortanfang

80 Gelegentlich steht **ch am Wortanfang,** obwohl *k* gesprochen wird. Es handelt sich um Wörter altgriechischer Herkunft.

Nur in Süddeutschland, Österreich, Südtirol und in der Schweiz spricht man *ch-* in den folgenden Wörtern wie *k-*: Chemie, China, Chinin, Chirurg.
(Im sonstigen deutschen Sprachgebiet wird *ch-* vor den Vokalen *e* und *i* als Reibelaut wie in *ich* [„ich-Laut"] gesprochen.)

Im gesamten deutschen Sprachgebiet wird *k* gesprochen in:

Chaos	Chor	Chronik
Charakter	christlich	chronisch
Chlor	Chrom	Orchester (Manche sprechen hier *ch*.)

In manchen Wörtern steht **ch am Wortanfang**, obwohl *sch* gesprochen wird. Es handelt sich um Wörter französischer Herkunft.

Wie *sch* wird es gesprochen in: Champignon, Chanson, Chef, Chiffre

In manchen Wörtern wird das **ch am Wortanfang** als *tsch* gesprochen.

Chips, Chile

b – p

81 **b und p** klingen oft gleich. Meistens können die **Rechtschreibhilfen I und II** – Verlängern und Ableiten – Klarheit schaffen (vgl. Nr. 46 und 47).

sie gibt	<	ge*b*en	Lump	→	Lum*p*en
Kalb	→	Käl*b*er	er pumpt	<	pum*p*en

Bei Unsicherheiten beim Wortanfang oder beim Silbenanlaut hilft nur das Nachschlagen im Wörterbuch.

Für manche Wörter gibt es keine Regel. Man muss sich ihre Schreibung einprägen.

Abt	Gips	Propst
hübsch	Haupt	Raps
Krebs	Klempner	September
Obst	Knirps	Rezept
	Mops	Schlips
	Papst	Schnaps

d – t (sowie dt – tt)

82 **d und t** klingen oft gleich. Meistens können die **Rechtschreibhilfen I und II** – Verlängern und Ableiten – Klarheit schaffen (vgl. Nr. 46 und 47).

Bun*d* → Bun*d*es bun*t* → bun*t*e
Lei*d* < lei*d*en Gelei*t* < lei*t*en
Gel*d* → Gel*d*er Entgel*t* < gel*t*en
bargel*d*los < Gel*d* → Gel*d*es

Bei Unsicherheiten beim Wortanfang oder beim Wortinneren hilft nur das Nachschlagen im Wörterbuch.

Für manche Wörter gibt es keine Regel. Man muss sich ihre Schreibung einprägen.

aben*d*s	nirgen*d*s
eilen*d*s	ihr sei*d*
irgen*d*	sei*t* (gestern, drei Tagen)
Jugen*d*	wir sin*d*
morgen*d*lich	zusehen*d*s
nie*d*lich	

Beachte aber: höchstens, meistens, morgens, schnellstens, unversehens, vergebens, wenigstens

83 **Tod und tot** werden in der Rechtschreibung unterschieden. **Das Substantiv (Nomen) *Tod*** schreibt man am Ende mit *d*. Das **Adjektiv *tot*** schreibt man am Ende mit *t*.

Gleichfalls mit *-d* werden alle von *Tod* abgeleiteten Zusammensetzungen geschrieben.

to*d*ernst, der To*d*feind, to*d*krank (auf den To*d* – das Sterben – krank, sterbenskrank), to*d*sicher, to*d*unglücklich, tö*d*lich

Mit *-t* werden entsprechend die von *tot* abgeleiteten Zusammensetzungen geschrieben.

der To*t*e, To*t*geburt, Tö*t*ung
to*t*arbeiten (so arbeiten, dass man – fast – to*t* ist), sich to*t*ärgern, to*t*fahren, to*t*lachen, to*t*sagen, to*t*schweigen

84 Die Schärfung (Verstärkung) des d/t-Lautes führt zu einem Nebeneinander von **d, dt, t, tt**. Die meisten Schreibungen kann man sich herleiten mithilfe der **Rechtschreibhilfen I und II** (vgl. Nr. 46 u. 47).

Gewan*d* → Gewän*d*er
Verban*d* < verbin*d*en
Versan*d* < versen*d*en
Gesandtschaft < gesen*d*et [Durch Ausstoßung des *e*, das zwischen ihnen stand, sind die Konsonanten *d* und *t* zusammengerückt.]
Verwandtschaft < verwandt → Verwandte
[Verwandte sind diejenigen Menschen, die einander familiär „zugewendet“ sind.];
gewandt, Gewandtheit

Die Schreibung einiger **Grundwörter** (Stammwörter) kann man sich nicht herleiten; man muss sie sich einprägen:

Stadt Stadtteil = Stadt + Teil
Stadttheater = Stadt + Theater

Kleinstädte < Sta*dt*

statt, anstatt
-statt (in Verbindungen), z. B. Werk*statt*
Statthalter < jemand, der die Stelle, (Stä*tt*e, „Sta*tt*“) stellvertretend „hält“, innehat
Brandstätte < -sta*tt*

85 **Unterscheidungsschreibung** (vgl. Nr. 52)

ihr sei*d* – sei*t* (drei Tagen)

g – k und g – ch

86 **g und k** klingen oft gleich. Meistens können die **Rechtschreibhilfen I und II** – Verlängern und Ableiten – Klarheit schaffen (vgl. Nr. 46 und 47).

Klini*k*	→	Klini*k*en	Flu*g*	<	flie*g*en
Tan*k*	→	Tan*k*er	Gesan*g*	<	sin*g*en
So*g*	→	sau*g*en	Gestan*k*	<	stin*k*en
Ta*g*	→	Ta*g*e	Gewöl*k*	<	Wol*k*en

Für manche Wörter gibt es jedoch keine Regel. Man muss sich ihre Schreibung einprägen.

Bu*g*, Tal*g*, Ta*k*t

87 Auch in der Frage, ob im Auslaut (am Wort- oder Silbenende) **g oder ch** geschrieben wird (vor allem bei norddeutscher Aussprache), helfen die **Rechtschreibhilfen I und II** (vgl. Nr. 46 und 47).

Schla*g*	→	Schlä*g*e	Kra*ch*	→	Krä*ch*e
er ma*g*	<	mö*g*en	sie ma*ch*t	<	ma*ch*en

Zum **Suffix -ig** vgl. Nr. 96;
lusti*g* → lusti*g*er   fröhli*ch* → fröhli*ch*er

Merke als Besonderheit:

Dickicht, Docht, Fracht, Macht

88 **Unterscheidungsschreibung** (vgl. Nr. 52)

Flu*g* (flie*g*en)	– Flu*ch* (verflu*ch*en)
du ma*g*st (von: mö*g*en)	– du ma*ch*st
Sie*g*	– sie*ch* (krank)
Tei*g* (zum Backen)	– Tei*ch* (kleiner See)

v – f – pf – ph

89 **f und v** werden in der Rechtschreibung unterschieden. Eine Regel lässt sich nicht formulieren; daher muss man sich die Schreibung einprägen.

Mit **v** in der Aussprache *f* werden vor allem geschrieben:
vor, ver-, viel, vorn(e)

ferner:	*V*ers	bra*v*	Detekti*v*
	*V*ieh	Lar*v*e	Infiniti*v*
		Ner*v*	Moti*v*
			Nominati*v*, Akti*v* usw.

Mit **v** werden vor allem die rechts wiedergegebenen Wörter geschrieben.

Mit **v** in der Aussprache *w* werden geschrieben:

Uni*v*ersität	*V*ase	*V*ene	*V*irus

In den folgenden Wörtern mit **v** wird im norddeutschen Sprachgebiet das *v* als *w* gesprochen, im süddeutschen hingegen als *f*:

bra*v*e Leute	Perspekti*v*e	*V*atikan
di*v*idieren	pri*v*at	*V*egetarier
e*v*angelisch	Pro*v*iant	*V*entil
Kur*v*e	Pul*v*er	*V*ulkan
No*v*ember	Skla*v*e	zi*v*il

Als Schreibung mit **f** sollte man sich merken:

*f*ort (aber: *vor, vorne*)

Mit **pf** werden die nebenstehenden Wörter geschrieben.

*Pf*ahl	*Pf*eil	*Pf*licht
*Pf*alz (Kaiserpfalz)	*Pf*erd	*Pf*und
*Pf*and	*Pf*laume	Trum*pf*
*Pf*anne		

Mit **ph** werden die nebenstehenden Wörter geschrieben. Sie sind alle altgriechischer Herkunft.

Al*ph*abet	*Ph*antom	Pro*ph*et
Apostro*ph*	*Ph*ase	Stro*ph*e
As*ph*alt	*Ph*ilharmonie	Trium*ph*
Atmos*ph*äre	*Ph*iloso*ph*ie	
Di*ph*thong	*Ph*ysik	
Katastro*ph*e	*Ph*os*ph*or	
Meta*ph*er		

Für einige Wörter gibt es **Doppelschreibung**.

Del*f*in, *F*antasie, *f*antastisch
Wortbestandteile -*f*on-, -*f*ot-, -gra*f*-:
Mikro*fon*, *F*otogra*f*, Gra*f*ik, Paragra*f*

Für alle diese Wörter ist auch die Schreibung mit *ph* **zulässig.**

Hingegen ist im fachsprachlichen Gebrauch eher die Schreibung mit *ph* **üblich,** beispielsweise in den folgenden Wörtern:
Hydrogra*ph*ie (Gewässerkunde), Graphologie (Schriftkunde), *ph*onstark, *Ph*onzahl, *Ph*otochemie, *Ph*otosynthese

In diesen Wörtern ist **auch** die Schreibung mit *f* **korrekt.**

---

90 **Unterscheidungsschreibung** (vgl. Nr. 52).

*F*alz (Umbiegung, Blechrand, Papierfalte)	– *Pf*alz
er *f*and	– *Pf*and
*F*eile (Werkzeug)	– *Pf*eile (Zeichen, Geschosse)
*f*etter	– *V*etter (Cousin)
er *f*iel	– *v*iel
*F*lug (fliegen)	– *Pf*lug (den Acker pflügen)
*f*ort	– *Pf*orte
der *F*und (gefunden)	– das *Pf*und

th; rh

91 **th: ungewöhnliche Schreibung**
In einigen Wörtern wird der **t-Laut** durch **th** (statt durch t) wiedergegeben. Diese Wörter stammen alle aus dem Altgriechischen. In der altgriechischen Schrift gab es einen eigenen Buchstaben für den behauchten t-Laut.

*Th*eater, *Th*ema, *Th*eorie, *Th*erapie, *Th*ermometer, *Th*ermosflasche, *Th*ermostat, *Th*ese, *Th*ron; Apo*th*eke, Diph*th*ong, E*th*ik, Hypo*th*ese, Ka*th*edrale, Ka*th*ete, Ma*th*ematik, Me*th*ode, Or*th*opäde, Rhy*th*mus, Sympa*th*ie

Für zwei Wörter gibt es **Doppelschreibung**.

Pan*th*er	auch korrekt:	Panter
*Th*unfisch		Tunfisch

Es gibt aber auch Wörter altgriechischen Ursprungs, die mit einem **einfachen *t*** geschrieben werden (und schon im Altgriechischen mit dem Buchstaben für den einfachen t-Laut geschrieben wurden).

Archi*t*ekt, A*t*mosphäre, Hypo*t*enuse, Ka*t*alog, Ka*t*astrophe, Kri*t*ik, Me*t*apher, Rhe*t*orik

92 **rh: ungewöhnliche Schreibung**
In einigen Wörtern wird der **r-Laut** durch **rh** (statt durch r) wiedergegeben. Diese Wörter sind alle altgriechischer Herkunft und wurden mit behauchtem **r** gesprochen.

*Rh*ythmus, *Rh*apsodie, *Rh*esusfaktor, *Rh*etorik, *Rh*ododendron, *Rh*ombus

Für zwei Wörter gibt es **Doppelschreibung.**

Kata*rrh*	auch korrekt:	Katarr
My*rrh*e		Myrre

x – ks – cks – gs – chs

93 Die Buchstaben und Schriftzeichen **x – ks – cks – gs – chs** geben eine **Lautkombination** wieder, die einen **s-Laut** enthält.
Der Buchstabe und die Zeichen treten nur im Auslaut auf. Sie klingen vollkommen gleich, werden aber in der Rechtschreibung unterschieden.
Die Schreibung einiger Wörter kann man sich mithilfe der **Rechtschreibhilfe II** (vgl. Nr. 47) herleiten.

Kle*cks*	<	kle*ck*ern	allerdin*gs*	<	Ding → Dinge
Kni*cks*	<	kni*ck*en	anfan*gs*	<	anfangen
lin*ks*		(vgl. der lin*k*e Griff)	flu*gs*	<	fliegen

Die Schreibung einiger anderer Wörter muss man sich einprägen.

Axt	komplex	Luxus	Praxis
Boxer	kraxeln	mixen	Suffix
Hexe	lax	Plexiglas	Taxi

Achse	Dachs	Flachs	Ochse
Buchse	Deichsel	Fuchs	wachsen
Büchse	Eidechse	Lachs	wechseln

Vorsilben und Nachsilben

94 Grundbegriffe:
Vor- und Nachsilben sind Sprechteilchen, z. B. *Ver*/nunft, kräf/*tig*
Präfixe und Suffixe sind Wortbausteine, z. B. *Be*+frei+*ung*

Be	*frei*	*ung*
Präfix	Wortstamm	Suffix (Ableitung)

Präfixe
vor dem Wortstamm, z. B. be-, ent-, er-, ge-, ein-, ur-, ver-, (Präfixe sind zugleich Vorsilben)

Suffixe
hinter dem Wortstamm, z. B. -ig, -bar, -heit, -keit, -lich, -nis, -ung

Viele Suffixe sind zugleich Nachsilben,
z. B. -bar, -lich, -nis, -sam (ein*sam*)

aber nicht alle.
Suffixe dienen dem **Ableiten** von Wörtern, z. B. Heil*ung* aus *heil*.

Teil+*ung* (Suffix: *ung*, Nachsilbe hingegen: *-lung*)
lust+*ig* (Suffix: *ig*, Nachsilbe hingegen: *-tig*)

95 Vorsilben
Es ist zweckmäßig, dass man sich die Rechtschreibung einiger Vorsilben einprägt:

- **ent-** entwerfen; Entdeckung; entbehrlich, entsetzlich
- **miss-** missbilligen, missverstehen; Missachtung; misslich
- **ur-** Ursache, Urlaub; uralt
- **ver-** verarbeiten, verbrauchen; Verfolgung
- **vor-** Vorsorge; vorbildlich; vorwärts, vorher, voraus, vorhanden

Unterscheide die **Vorsilbe** *ent-* von der **Silbe** *end-* (< Ende).

En*t*/schei/dung – un/en*d*/lich
en*t*/loh/nen – en*d*/los
En*t*/gelt, un/en*t*/gelt/lich – en*d*/gül/tig, En*d*/er/geb/nis

Unterscheide **vor-** von **fort-**.

*v*or/fahren – *f*ort/fahren
*v*or/gehen – *f*ort/gehen
*v*or dem Tor – *f*ort von hier

96 Nachsilben und Suffixe
Es ist zweckmäßig, dass man sich die Rechtschreibung einiger Nachsilben und Suffixe einprägt:

Nachsilben:
- **-bar** brauchbar, denkbar, fruchtbar, furchtbar, lenkbar, trinkbar
- **-mal(s)** einmal, keinmal, manchmal; niemals, oftmals, vielmals
- **-nis** Erkenntnis, Erlaubnis, Finsternis
- **-sam** biegsam, einsam, mühsam, unaufhaltsam, sparsam
- **-wärts** ostwärts, rückwärts, seitwärts, vorwärts
- **-lich** ähnlich, erfreulich, fürchterlich, leserlich, nämlich, neulich

Suffixe:
- **-ig** billig, brummig, listig, lustig, steinig, zulässig
- **-end** auffallend, bedeutend, dringend, erfrischend, lachend, reizend, spannend, tanzend
  -end ist die Wortendung des Partizips I [Partizip Präsens] von Verben (vgl. Nr. 14).

Scheinbare Ausnahme:
Manche Wörter enden auf *-lig*.
Aber das ist kein weiteres Suffix. Vielmehr kommt dieses Wortende dadurch zustande, dass der Wort*stamm* auf *-l* endet und sich daran das Suffix *-ig* anschließt.

eilig < Eil + ig	mehlig	stachelig
heilig	ölig	wohlig
langweilig		

(Die Nachsilbe ist bei diesen Wörtern naturgemäß *-lig*.)

---

97 Wenn man im Zweifel ist, ob ein Wort auf *-ig* oder *-lich* endet, hilft auch hier wieder die **Rechtschreibhilfe I** (Verlängern); vgl. Nr. 46.

billig → billi*g*er
langweilig → langweili*g*er
steinig → der steini*g*e Weg
zulässig → das zulässi*g*e Gesamtgewicht
ehrlich → der ehrli*ch*e Finder
erfreulich → die erfreuli*ch*e Tatsache
freundlich → noch freundli*ch*er

---

98 Der **Unterschied von -ends und -ens** ist nur schwer zu erklären; man merkt ihn sich am besten von Fall zu Fall (d. h. von Wort zu Wort).

ab*ends*	(am Abend)	morg*ens*	(am Morgen)
voll*ends*	(vollenden)	übrig*ens*	(die übrigen)
nirg*ends*		meist*ens*	(die meisten)
		wenigst*ens*	(die wenigsten)
		seit*ens*	

Getrennt- und Zusammenschreibung

Allgemeines

99 In der deutschen Sprache sind viele Wörter **Zusammensetzungen**, z.B. *Fußball*.

Fuß und *Ball* sind Bestandteile des zusammengesetzten Wortes *Fußball*.

Einige Zusammensetzungen kann man daran erkennen, dass sie ein Fugen-s enthalten.

Arbeit*s*platz, Freiheit*s*kampf, Frühling*s*blume, Säugling*s*pflege, Schlafen*s*zeit;
alter*s*bedingt, gewohnheit*s*mäßig, hilf*s*bereit, leben*s*froh

Zusammengesetzte Wörter werden selbstverständlich **als ein Wort geschrieben.**

> Als **wichtigste Faustregel** gilt daher: Was du ohne zu zögern als ein zusammengesetztes Wort verstehst, das schreibe zusammen.

Bahnhofsvorplatz (mit Fugen-s); Fahrrad, Feuerleiter, Feuerwehr, Herdplatte, Kochfeld
dunkelrot, langweilig, lesenswert (mit Fugen-s), nasskalt, vieldeutig, urteilsfähig (mit Fugen-s);
abbiegen, ankommen, einkaufen, mitspielen, weggehen, zusammenfassen;
heimbringen, irreführen, stattfinden, teilnehmen;
bereithalten, fernsehen, festsetzen, wahrsagen, fertigstellen

Verben

100 **Adjektiv + Verb**
a) Wenn vor einem Verb ein Adjektiv steht, so wird es in bestimmten Fällen mit dem Verb zusammengeschrieben, in anderen nicht.

schwer + fallen → 1. schwer fallen
2. schwerfallen

b) **Zusammenschreibung:** Adjektiv + Verb werden dann **zusammengeschrieben,** wenn sie zusammen einen **eigenen Wortinhalt** ausdrücken, der von der Bedeutung der einzeln nebeneinanderstehenden Wörter verschieden ist.

*schwer*fallen (= Mühe bereiten)
*frei*sprechen (von der Anklage), *fest*halten (= aufschreiben, aufzeichnen, sich merken), *gut*schreiben (Gutschrift im Sparbuch), *gut*gehen, *schief*laufen, *nahe*liegen, *nahe*kommen, *nahe*legen, *fest*stellen, *fest*setzen, *klar*machen
schwerfallen ist verschieden von *schwer fallen*, vgl. Punkt c)

Bei Verbindungen dieser Art liegt die **Hauptbetonung** (Wortakzent) normalerweise auf dem Adjektiv.

schwérfallen

(In solchen Verbindungen mit neuem Wortinhalt (neuer Wortbedeutung) kommen nur wenige Verben vor:

- einige Verben der Verursachung und der Bewegung
- einige Verben der Ruhe (Dauer)
- sowie einige andere Verben.

setzen, stellen, legen; fallen, gehen, kommen, laufen;
z.B. festsetzen, schwerfallen (siehe Punkt a))
sitzen, stehen, liegen (stehen inhaltlich in Zusammenhang mit setzen, stellen, legen)
halten, sprechen, schreiben, bringen, geben

Die Verben haben in solchen Verbindungen eine **verblasste Bedeutung.**)

Z.B. geht es in „schwer*fallen*" nicht um ein konkretes, anschaubares ‚Fallen' (d.h. ‚sich aus einiger Höhe rasch nach unten bewegen'); in „fest*stellen*" wird nichts im Wortsinne ‚gestellt' (d.h. ‚eine Sache an einen Platz bringen, sodass sie dort steht').

c) **Getrenntschreibung:** Jedoch werden dasselbe Adjektiv und dasselbe Verb aus Punkt b) **getrennt geschrieben,** wenn das Adjektiv als ein selbstständiges Satzglied (**Adverbiale**) die **Art und Weise des Geschehens** (Verb) bezeichnet.

schwer fallen (= stürzen, hinschlagen, mit starkem Aufprall hinfallen)
frei sprechen (nicht ablesen), gut schreiben (leserlich), fest halten (z.B. ein Seil)

In diesen Fällen liegt die **Hauptbetonung** (Wortakzent) normalerweise auf dem Verb,
oder jedes der beiden Wörter trägt einen Hauptton.

schwer fállen

schwér fállen

Getrenntschreibung gilt naturgemäß auch für alle anderen Fälle, in denen ein Adjektiv als **Adverbiale** (also als ein selbstständiges Satzglied) vor einem Verb steht.

laut rufen
langsam sprechen, schnell gehen, hart arbeiten, fest schlafen
Getrenntschreibung ist also ein **Ausdrucksmittel** für den Schreibenden: Durch Getrenntschreibung **signalisiert der Schreiber dem Leser,** dass das Adjektiv als Bezeichnung der **Art und Weise** eines Geschehens verstanden werden soll.

d) **Wahlfreie Schreibung:** In manchen Fällen bezeichnet das Adjektiv einen Zustand oder eine Eigenschaft als **Resultat** eines Geschehens (Verbs). Es handelt sich um ein **resultatives Adjektiv.**

fest + schrauben
Als Ergebnis des Schraubens sitzt die Schraubenmutter jetzt fest.
fest ist hier ein **resultatives Adjektiv**.

In diesen Fällen hat der Schreibende nach dem Regelwerk Wahlfreiheit: Man kann Adjektiv + Verb **entweder zusammen oder getrennt** schreiben (nach dem Belieben des Schreibenden).

festschrauben
hartkochen, kleinschneiden, glatthobeln, blankputzen, festdrücken (z.B. einen Aufkleber)
oder: fest schrauben, hart kochen, klein schneiden, glatt hobeln, blank putzen, fest drücken

In diesen Fällen liegt die **Hauptbetonung** (Wortakzent) bei beiden Schreiblösungen normalerweise auf dem Adjektiv (wie bei b)).

hártkochen oder hárt kochen

Empfehlung: Für das Merkwissen zur Rechtschreibung ist es eine Erleichterung, wenn man sich nur merkt:

resultatives Adjektiv + Verb zusammenschreiben.

(ein Frühstücksei) hartkochen

(Dafür spricht auch die gleichartige Betonungsweise wie bei b).

hártkochen wie bei *schwérfallen* oder *féstsetzen* (siehe b))

e) Man soll nach dem amtlichen Regelwerk in allen Fällen dann getrennt schreiben, wenn das Adjektiv erweitert ist.

ganz nahe kommen
(auch wenn nach b) geschrieben wird: nahekommen)

f) Vgl. aber zu Wortverbindungen von der Form Partizip + Verb unten Nr. 105.

z.B. *getrennt* schreiben

101 Die Regelungen zum Thema Adjektiv + Verb ermöglichen es dem Schreibenden durch **Unterscheidungsschreibung** (vgl. Nr. 52) genau das auszudrücken, was er meint.

Der **Wortinhalt** (Bedeutung) ist **verschieden**, je nachdem, ob die Verbindung zusammen- oder getrennt geschrieben wird.

(In das Gegensatzpaar *gleichmachen* und *gleich machen* spielt mit hinein, dass das Wort *gleich* doppeldeutig ist, d.h. zwei Wortinhalte hat: 1. ‚unterschiedslos', 2. ‚unverzüglich, sofort'.)

bewusstmachen (= etwas ins Bewusstsein heben)	– bewusst machen (= mit Bewusstsein tun)
festdrücken (z.B. einen Aufkleber)	– fest drücken (z.B. eine Hand)
festhalten (ein Ergebnis)	– fest halten (z.B. eine Hundeleine)
festsitzen (nicht weiterkönnen)	– fest sitzen (= nicht wackelig sitzen)
freisprechen (von Schuld, von einer Anklage)	– frei sprechen (nicht ablesen)
gleichmachen (= bewirken, dass alles gleich ist)	– gleich machen (= sofort, sogleich tun)
großschreiben (mit großem Anfangsbuchstaben)	– groß schreiben (in großer Schrift)
gutschreiben (hinzubuchen, anrechnen)	– gut schreiben (leserlich)
hochfliegen (auffliegen, Richtungsangabe: wohin?)	– hoch fliegen (in der Höhe fliegen, Ortsangabe: wo?)
leichtfallen (= wenig Mühe bereiten)	– leicht fallen (ohne starken Aufprall, ohne Verletzung)

102 **Partikel + Verb:**

a) Viele Verben sind Zusammensetzungen von der Form **Verbzusatz + Grundwort** (Partikel + Verb). Zu den Begriffen vgl. Nr. 2 u. 9f.

*an*kommen, *ab*fahren, *entgegen*gehen, *auseinander*laufen, *zusammen*laufen, *zurück*kommen, *rückwärts*fahren, *vorwärts*blicken, *wieder*sehen

Einige von ihnen sind **feste Zusammensetzungen.**
Diese werden in allen Formen zusammengeschrieben.
(Einige wenige feste Zusammensetzungen gibt es auch von der Form
– Adjektiv + Verb
– Substantiv (Nomen) + Verb.)

*unter*suchen
*durch*brechen, *hinter*lassen, *über*setzen, *über*treffen, *um*spielen, *unter*halten, *wider*sprechen, *wieder*holen
*unter*suchen, sie *unter*sucht , sie hat *unter*sucht

*lang*weilen, *voll*bringen, *voll*enden, *weis*sagen
*schlaf*wandeln, *schluss*folgern, *wett*eifern

Die meisten von ihnen sind aber **unfeste Zusammensetzungen.**

*an*kommen: Der Zug kommt *an*.

Diese werden zusammengeschrieben nur
– im Infinitiv
– in den Partizipien
– in der Endstellung im Nebensatz.

abfahren
abfahrend (z.B. der abfahrende Zug); abgefahren
Wir kamen auf dem Bahnsteig an, als der Zug nach Wismar gerade abfuhr.

b) Der **Aussagewille des Schreibenden** ist entscheidend: Wenn der Schreibende mithilfe der Partikel ausdrücken will, auf welche **Art und Weise** das **Geschehen** (Verb) vor sich geht, so verwendet er die Partikel als **selbstständiges Adverb** und schreibt dieses Adverb vom Verb **getrennt.**

zwar: Die Freunde wollten einander bald *wiedersehen*.
(gemäß Punkt a))
aber: Heute ist Neumond. Morgen aber werden wir den Mond *wieder sehen*.

zusammenspielen (= zusammenwirken)
zusammen spielen (= gemeinsam, gleichzeitig spielen)

---

103 Die Regelungen zum Thema Partikel + Verb ermöglichen es dem Schreibenden durch **Unterscheidungsschreibung** (vgl. Nr. 52), genau das auszudrücken, was er meint.

(In dieses Gegensatzpaar spielt mit hinein, dass das Wort *wieder* mindestens zwei Bedeutungen hat: 1. ‚schon früher, wie vorher', 2. ‚erneut, nochmals'.)

(In dieser Zusammensetzung ist der Wortinhalt von *sehen* verblasst: Es geht nicht um ‚wahrnehmen mit den Augen'.)
(In dieses Gegensatzpaar spielt mit hinein, dass es zwei gleichlautende Wörter *wohl* gibt: 1. „wohl" = ‚gut', Adverb zu „gut", entsprechend dem englischen „well", 2. „wohl" = ‚wahrscheinlich, vermutlich, vielleicht'.)

(sich) auseinandersetzen (= gedanklich)	– auseinander setzen (= z.B. zwei Störenfriede)
dabeisitzen (= mit in der Runde sitzen)	– dabei sitzen (= während eines Vorgangs sitzen)
daherkommen (= herbeischlendern)	– daher kommen (= aus diesem Grunde so sein)
hinterherschwimmen (= jmdm. folgend)	– hinterher schwimmen (danach, später)
weitergehen (= 1. nicht stehen bleiben, 2. fortgesetzt werden)	– weiter gehen (= eine längere Strecke gehen)
wiedergewinnen (= zurückbekommen)	– wieder gewinnen (= erneut gewinnen, noch einmal siegen)
wiederholen (= wie früher machen)	– wieder holen (= erneut herbeiholen)
wiederkommen (= zurückkehren)	– wieder kommen (= nochmals kommen)
(sich) wiedersehen (= einander nach einer Zwischenzeit begegnen)	– wieder sehen (= erneut sehen)
(sich) wohlfühlen (= angenehmes Gefühl haben)	– (sich oder etwas) wohl fühlen (= wahrscheinlich fühlen)
wohltun (= guttun)	– wohl tun (= wahrscheinlich tun)
zusammenlaufen (= auf einen Punkt hin)	– zusammen laufen (= gemeinsam laufen)
zusammenspielen (= in eine Richtung wirken, auch: sportliches Zusammenspiel machen)	– zusammen spielen (= gemeinsam, gleichzeitig spielen, auch gegeneinander)

104 Substantiv (Nomen) + Verb:

a) Es gibt eine Reihe von Zusammensetzungen, deren Erstglied ein **Substantiv (Nomen) mit verblasstem Wortinhalt** ist. Man schreibt sie **zusammen.**

*tei*lnehmen
*leid*tun, *not*tun, *statt*finden, *statt*geben, *wunder*nehmen

Verblassung: Man denkt z.B. bei *teilhaben* nicht an einen ‚Teil' (= Anteil, Teilstück, Bruchteil)

Ebenso werden einige weitere Wortverbindungen zusammengeschrieben:

*eis*laufen (auf dem Eis laufen), *kopf*stehen
ferner: fehl-, heim-, inne-, irre-, kund-, weis-
z. B. *fehl*schlagen, *heim*kommen, *weis*sagen

Auch in den gebeugten (konjugierten) Formen gilt Kleinschreibung.

Ina nimmt an dem Treffen nicht *t*eil. Das tut mir *l*eid.
Theo steht *k*opf.

b) In einigen ähnlichen Fällen ist **sowohl Getrennt- als auch Zusammenschreibung** zugelassen (Doppelschreibung).

Acht geben, Brust schwimmen, Dank sagen, Halt machen, Maß halten, Staub saugen
achtgeben, brustschwimmen, danksagen, haltmachen, maßhalten, staubsaugen

Das gilt auch für gebeugte (konjugierte) Formen.

Max saugt *S*taub. Ich staubsauge.

c) In allen anderen Fällen wird das Substantiv (Nomen) vom Verb **getrennt** geschrieben.

Rad fahren
Hunger haben, Schuld haben, Freude haben, Walzer tanzen

d) **Sonstige Zusammensetzungen:**
Es gibt einige zusammengesetzte Verben, deren erster Bestandteil im Laufe der sprachgeschichtlichen Entwicklung eine klare Wortartzugehörigkeit verloren hat.

abhanden-, bevor-, einher-, entzwei-, überein-, überhand-, vorlieb-, zurecht-
*bevor*stehen, *entzwei*gehen, *überein*stimmen, *zurecht*kommen [Zusammenschreibung, weil Zusammensetzung]

---

105 In Verbindungen mit einem Verb als zweitem Bestandteil wird in folgenden Fallgruppen **getrennt geschrieben:**

– alle Formen des Verbs **sein,**

da sein, vorbei sein, zurück sein, dabei gewesen, da gewesen

– **Partizip + Verb,**

gefangen nehmen, getrennt schreiben, (beim Partizip I ist die Getrenntschreibung selbstverständlich:) wütend werden

– **Infinitiv + Verb.**

laufen lernen
arbeiten gehen, baden gehen, lesen üben, kennen lernen

(**Sonderfall:** Die Verbindung *kennen + lernen* kann auch zusammengeschrieben werden,

kennen lernen,
auch: kennenlernen

ebenso bei übertragener Bedeutung Verbindungen mit dem zweiten Bestandteil *bleiben* oder *lassen.)*

sitzen bleiben, liegen lassen
auch: sitzenbleiben (bei der übertragenen Bedeutung ‚nicht versetzt werden'), liegenlassen (bei der Bedeutung ‚nicht erledigen')

---

106 Nach **Wortartenwechsel** vom Verb zum Substantiv (Nomen) kommt es zur **Zusammenschreibung**. (Vgl. Nr. 108.)

da sein	→	das Dasein
glücklich sein	→	das Glücklichsein
Rad fahren	→	das Radfahren
sitzen bleiben	→	das Sitzenbleiben

Diagramm für Getrennt- und Zusammenschreibung beim Verb

107

Ist man sich nicht sicher, ob eine Verbindung mit Verb getrennt oder zusammengeschrieben wird, sollte man sich nacheinander folgende Fragen stellen, z.B. *Ist der rechte Bestandteil ein Verb? Handelt es sich um eine feste Zusammensetzung? Ist der rechte Bestandteil eine Form von „sein"?* usw.

Frage	Unterfrage	Ergebnis (+)	Beispiele
x + Verb			
x + Verb, in fester Zusammensetzung		**immer zusammen**	*untersuchen*, auch: *langweilen, wetteifern* (Nr. 102 a))
x + sein		**immer getrennt**	*da sein, dabei gewesen* (Nr. 105)
Partizip + Verb		**immer getrennt**	*gefangen nehmen, getrennt schreiben* (Nr. 105)
Infinitiv + Verb		**getrennt** (wenige Ausnahmen, siehe Nr. 105)	*laufen lernen, arbeiten gehen* (Nr. 105)
Adjektiv + Verb	Verbindung mit neuer Bedeutung	**zusammen**	*schwerfallen, festhalten* (Nr. 100 b))
	Adjektiv als Resultativum	**nach Belieben zusammen oder getrennt**	*hartkochen, festschrauben* oder *hart kochen, fest schrauben* (Nr. 100 d))
	Adjektiv als Adverbiale	**getrennt**	*schwer fallen, laut rufen, fest schlafen* (Nr. 100 c))
Substantiv (Nomen) + Verb		**fast immer getrennt**	*Walzer tanzen, Rad fahren* (Nr. 104 c))
		Ausnahme: verblasste Substantive[1] und Ähnliches	*teilnehmen, leidtun, irreführen, kundtun* (Nr. 104 a) u. d))
Partikel[2] + Verb	Partikel als Verbzusatz	**zusammen**	*ankommen, wiedersehen, zusammenspielen* (Nr. 102 a))
	Partikel als Adverb	**getrennt**	*wieder sehen, zusammen spielen* (Nr. 102 b))

[1] In einigen Verbindungen von Substantiv (Nomen) + Verb kann man nach Belieben zusammen- oder getrennt schreiben, z.B. *brustschwimmen* oder *Brust schwimmen, maßhalten* oder *Maß halten, staubsaugen* oder *Staub saugen* (vgl. Nr. 104 b)).
[2] Partikeln hier: Adverbien und Präpositionen; vgl. Nr. 9

Substantive (Nomen)

108 Zu den **Zusammensetzungen** werden naturgemäß viele **Substantive (Nomen)** gerechnet, weil in der deutschen Sprache das Zusammensetzen die produktivste Form der Wortbildung ist.

Blumenkohl, Gemüsehändler, Grundschule, Hauptbahnhof, Erbsensuppe, Fußball, Inbetriebnahme, Zusammenfassung Ausbildung*s*vertrag, Wohnung*s*tür (mit Fugen-s)

Das gilt auch für Substantive (Nomen), die einen oder mehrere Bestandteile enthalten, die **aus einer anderen Wortart** stammen,

die Nachkommen, das Stelldichein, das Suppengrün [*grün* ist ursprünglich ein Adjektiv], Hochhaus, Schreibtisch, Ichsucht, das Vergissmeinnicht, die Vorfahren, das Ballspielen, das Autofahren (vgl. auch Nr. 106 u. 117 a))

sowie für Substantive (Nomen), die einen **Namen** enthalten.

Ebertallee, Stresemannstraße, Goetheschule, Mörikegedicht, Europabrücke, Elbufer, Reschenpass, Kopischweg,

aber: August-Kopisch-Weg, Gustav-Stresemann-Straße, Friedrich-Ebert-Allee (mehrteiliger Name, vgl. Nr. 109 b))

Getrennt geschrieben werden hingegen zweiteilige Bezeichnungen, deren **erster Bestandteil** eine **Ableitung auf -er** von einem **geografischen Eigennamen** ist.

Allgäu*er* Alpen, Brandenburg*er* Tor, Hamburg*er* Straße, Naumburg*er* Dom, Potsdam*er* Abkommen, Thüring*er* Wald, Torgau*er* Elbbrücke, Ulm*er* Münster (vgl. Nr. 132)

Schreibungen mit Bindestrich

109 a) Diese Schreibung gilt für Zusammensetzungen

- mit Einzelbuchstaben,

A-Dur, x-Achse, U-Bahn, C-Dur-Tonleiter, S-Bahn-Schalter

- mit Abkürzungen,

Fußball-WM, IC-Zuschlag, Kfz-Papiere, UKW-Sender, UN-Sicherheitsrat

- mit Ziffern.

3-silbig, 6-jährig
(selbstverständlich auch möglich: dreisilbig, sechsjährig)

b) Die Schreibung mit Bindestrich gilt auch für Zusammensetzungen, die aus **mehr als zwei Teilen** bestehen und als Substantiv (Nomen) verwendet werden.

das Arzt-Patient-Verhältnis, die Do-it-yourself-Bewegung, Frage-und-Antwort-Spiel, die Wenn-dann-Aussage, die Wort-für-Wort-Übersetzung;
das An-den-Haaren-Herbeiziehen, das Sowohl-als-Auch

Diese Verwendung des Bindestrichs nennt man **Durchkoppelung.**
Bei Durchkoppelungen mit Infinitiven wird der **Infinitiv großgeschrieben** (sind es mehrere Infinitive, so wird der letzte großgeschrieben), außerdem der **Anfangsbuchstabe** der ganzen Zusammensetzung und alle einbezogenen Substantive (Nomen).

das Auf-die-lange-Bank-*Sch*ieben, das In-der-Welt-*S*ein, das Mitten-in-der-Nacht-*A*ufwachen

das Sich-retten-*L*assen
das *I*n-den-*F*erien-Sein
(aber: das Fröhlichsein [Zusammensetzung aus nur zwei Bestandteilen; vgl. Nr. 106 u. 108])

(Zusammensetzungen aus mehr als zwei Bestandteilen werden aber ohne Bindestrich als ein Wort geschrieben, wenn sie übersichtlich sind.)

das Inkrafttreten, der Motorradfahrer, das Zustandekommen, das Infragestellen

c) Die Schreibung mit Bindestrich trifft ferner zu auf **mehrteilige Zusammensetzungen,** deren erste Bestandteile **Eigennamen oder geografische Namen** sind.

August-Kopisch-Weg (aber: Kopischweg, vgl. Nr. 108), Elbe-Havel-Kanal, Friedrich-Oetinger-Straße (aber: Oetingerstraße), Heinrich-Heine-Allee, Julius-Leber-Schule, La-Plata-Mündung, Theodor-Heuss-Platz

---

110 Man **k a n n** einen Bindestrich verwenden,

- um Zusammensetzungen aus sehr verschiedenartigen Bestandteilen **übersichtlich** zu machen,

die Ich-Erzählung, die Ist-Erträge, eine Kann-Bestimmung, die Soll-Erträge, die Soll-Zahlen (auch möglich: die Icherzählung usw.); der dass-Satz

- um die Gleichrangigkeit von Adjektiven hervorzuheben,

ein englisch-deutsches Wörterbuch

- um das Aufeinandertreffen dreier Buchstaben zu vermeiden,

Bett-Tuch, Hawaii-Inseln, Schiff-Fahrt (vgl. Nr. 60)

- um Missverständnisse auszuschließen.

Musikerleben → Musik-Erleben oder Musiker-Leben

---

111 Der **Ergänzungsbindestrich** steht in zusammengesetzten Wörtern, wenn ein gemeinsamer Bestandteil nur einmal geschrieben wird.

bergauf und -ab, Buchausleihe und -rückgabe, ein- bis zweimal, Englischbücher und -hefte, Haupt- und Nebeneingang, vor- und rückwärts

Adjektive und adjektivisch gebrauchte Partizipien

112 a) Es gibt **mehrgliedrige Adjektive und Partizipien,** bei denen ein Bestandteil (oder beide) **nicht als selbstständiges Wort** in der deutschen Sprache vorkommt.

gutmütig < gut + -mütig; - *mütig* ist kein selbstständiges Wort
blau*äugig*, *denk*freudig, dick*fellig*, ein*fach*, gleich*altrig*, gleich*förmig*, gleich*mäßig*, gleich*rangig*, groß*spurig*, hart*herzig*, hell*hörig*, *letztmalig*, *redselig*, *schreib*gewandt, schwer*fällig*, schwer*hörig*, *schwindsüchtig*, tief*gründig*, viel*deutig*, *werbe*wirksam, *wiss*begierig;

Naturgemäß kann man bei diesen Adjektiven und Partizipien die Bestandteile nicht getrennt schreiben.

schwerstbehindert (*schwerst-* kommt selbstständig nicht vor)

Bei der Selbstständigkeitsprobe darf sich der Wortinhalt der Bestandteile nicht verändern.

einzigartig, gleichmäßig, gleichzeitig, gutartig, hartherzig;

artig, herzig, mäßig, zeitig bedeuten als alleinstehende Wörter etwas anderes als in der Verbindung.

b) Andere Wortverbindungen mit Adjektiv oder Partizip als rechtem Bestandteil sind deshalb unzweifelhaft eine **Zusammensetzung,** weil sie einen **Fugenlaut** enthalten.

hoffnung*s*froh, hilf*s*bereit, leben*s*bejahend;
sonne*n*arm

113 Adjektive und Partizipien können mit anderen Wörtern **Wortverbindungen** vom Typ **freudestrahlend** bilden.

freudestrahlend < *vor Freude* strahlend

In diesen Verbindungen lässt sich der linke Bestandteil als **Verkürzung einer Wortgruppe** auffassen.

Da sie Zusammensetzungen sind, werden sie **zusammengeschrieben.**

butterweich	<	*weich wie* Butter
denkfreudig	<	*im Denken* freudig
eisgekühlt	<	*(wie) mit Eis* gekühlt
fehlerfrei	<	*frei von* Fehlern
handgestrickt	<	*mit der Hand* gestrickt
hautfreundlich	<	*zur Haut* freundlich, *für die Haut* freundlich
herzerfrischend	<	*das Herz* erfrischend
jahrelang	<	*mehrere Jahre* lang
knielang	<	lang *bis zum Knie*
meterhoch, -breit	<	*einen* (oder: *mehrere*) *Meter* hoch, breit
schlafwandelnd	<	*im Schlaf* wandelnd
selbstsicher, -bewusst	<	*seiner selbst* sicher, bewusst
tonangebend	<	*den Ton* angebend
umfangreich	<	reich *an Umfang*
weltbekannt	<	*der ganzen Welt* bekannt
wortgewaltig	<	*mit Worten* gewaltig

Die Wortgruppe, die verkürzt wird, muss aus mindestens zwei **notwendigen Wörtern** bestehen.

herzerfrischend < *das Herz* erfrischend; der Artikel *das* ist hier **notwendig** (d.h. obligatorisch); denn der zugrunde liegende Infinitiv lautet: *das Herz erfrischen; * Herz erfrischen* wäre kein korrektes Deutsch.

Gegenbeispiel: Rad+fahrend; Der Artikel *das* (oder *ein*) ist hier **möglich**, aber **nicht notwendig** (also fakultativ); denn beim zugrunde liegenden Infinitiv wäre *Rad fahren* korrektes Deutsch. Also gilt für *Rad+fahrend* nicht Nr. 113, sondern Nr. 117 a); mithin ist neben der Zusammenschreibung auch Getrenntschreibung möglich.

---

114 a) Wortverbindungen mit Adjektiv als zweitem Bestandteil werden dann mit einem anderen Adjektiv **zusammengeschrieben,** wenn es sich um **gleichrangige Adjektive** handelt.

blaugrau (blau und grau zu etwa gleichen Teilen), nasskalt (nass und kalt)
ferner: dummdreist, feuchtwarm, grünblau, süßsauer, taubstumm

b) Wortverbindungen mit Adjektiv als zweitem Bestandteil werden dann **zusammengeschrieben,** wenn der erste Bestandteil **bedeutungsverstärkend** oder **bedeutungsmindernd** ist.

*bitter*kalt, *lau*warm
ferner: brandneu, dunkelbraun, extragesund, grundverschieden, stocksauer, vollgültig

---

115 a) Bei Wortverbindungen mit Adjektiv als rechtem Bestandteil hat der Schreibende dann **Wahlfreiheit,** wenn der linke Bestandteil ein unflektiertes **Adjektiv mit gradu-**

schwerverständlich oder schwer verständlich, halbfett oder halb fett, schwerkrank oder schwer krank, leichtverdaulich oder leicht verdaulich, hochgiftig oder hoch giftig

	ierender Bedeutung ist. Der Schreibende kann nach Belieben zusammen- oder getrennt schreiben, wenn er das unflektierte Adjektiv als graduierend versteht (Doppelschreibung).	
	b) Ist der erste Bestandteil aber erweitert oder gesteigert, dann wird ausschließlich **getrennt geschrieben.**	*besonders* schwer verständlich, leicht*er* verdaulich
116	Bei Wortverbindungen mit einem **adjektivisch gebrauchten Partizip** als zweitem Bestandteil wird dann ausschließlich **zusammengeschrieben,** wenn im zugrunde liegenden Infinitiv zusammengeschrieben wird.	naheliegend (wegen naheliegen), freigesprochen (wegen freisprechen), die *bevorstehende* Überraschung (wegen bevorstehen), die *bereitgestellten* Mittel (wegen bereitstellen), der fehlgeschlagene Versuch (wegen fehlschlagen) Vgl. Nr. 100 b) u. Nr. 104 a) u. d).
117	a) Bei allen anderen Wortverbindungen mit **adjektivisch gebrauchtem Partizip** als rechtem Bestandteil hat der Schreibende **Wahlfreiheit.** Der Schreibende kann nach Belieben zusammen- oder getrennt schreiben (Doppelschreibung).	radfahrend, die *radfahrenden* Kinder oder Rad fahrend, die *Rad fahrenden* Kinder
	Die Wahlfreiheit gilt auch in den Fällen, in denen im zugrunde liegenden Infinitiv getrennt geschrieben wird. Vgl. aber Nr. 118 u. Nr. 119.	Infintiv: Rad fahren, Partizip: radfahrend / Rad fahrend
	Der Schreibende trifft seine Entscheidung je nachdem, ob er die Verbindung inhaltlich für e i n Wort hält oder nicht. Die meisten Menschen **bevorzugen Zusammenschreibung.** Zusammenschreibung ist in den Fällen nötig, in denen die Wortverbindung als Ganze gesteigert ist, z. B.: der besorgniserregend*ere* Vorfall. (Vgl. auch Nr. 120.)	fleischfressend oder Fleisch fressend [Subst. (Nomen) + Part.] notleidend (Flutopfer) — Not leidend eisenverarbeitend (Industrie) — Eisen verarbeitend besorgniserregend — Besorgnis erregend hartgekocht (Ei) — hart gekocht [Adj. + Part.] frischgekocht — frisch gekocht warmgelaufen (Motor) — warm gelaufen schräggedruckt (in Kursivschrift) — schräg gedruckt tiefgreifend — tief greifend weitreichend — weit reichend vielsagend — viel sagend [Numerale (unbestimmtes Zahladjektiv) + Part.] nichtssagend — nichts sagend [Pronomen + Part.] obenstehend — oben stehend [Adverb + Part.] alleinerziehend — allein erziehend

(Bei Wortartenwechsel zum Substantiv [Nomen] wird ausschließlich zusammengeschrieben.)

die Alleinerziehenden, das Obenstehende, das Schräggedruckte

b) Ist aber der erste Bestandteil erweitert, schreibt man ihn ausschließlich getrennt vom Partizip.

die *große* Not leidenden Opfer

Getrenntschreibung ist jedoch dann nicht sinnvoll, wenn sich die Erweiterung auf die ganze Wortverbindung bezieht. In diesen Fällen schreibt man den ersten Bestandteil der Verbindung mit dem Partizip zusammen.

die *äußerst* notleidende Bevölkerung
ein *sehr* vertrauenerweckendes Aussehen

---

118 Die Regelung von Nr. 117 a) gilt nur in den Fällen, in denen das **Partizip adjektivisch gebraucht** wird. Ist das Partizip hingegen **Teil einer Verbform** (vgl. Nr. 18 u. Nr. 21), so wird **getrennt** geschrieben.

der *frischgestrichene* Zaun ↔ Der Zaun *ist* frisch *gestrichen.*
Diese Mutter *hat* ihr Kind allein *erzogen.*
Alle Fabriken in diesem Landstrich *haben* Eisen *verarbeitet.*
Diese Kartoffeln *wurden* frisch *gekocht.*
Ich *habe* die Kartoffeln frisch *gekocht.*
Die Kartoffeln *waren* frisch *gekocht.* [Zustandspassiv]

---

119 Bei Wortfolgen von der Form **Adjektiv + Partizip** schreibt man dann **getrennt,** wenn man das Adjektiv als eigenes Wort ansieht, das gegenüber dem Partizip selbstständig ist, weil es einen **eigenen Satzgliedteil** (Attribut zu einem Attribut, vgl. Nr. 33) darstellt.

In diesen Fällen sagt das Adjektiv etwas über die Art und Weise dessen aus, das durch das Partizip bezeichnet wird.

der *schön* klingende Gesang
(Wie klingt er?)
das *gründlich* einstudierte Theaterstück
(Wie wurde es einstudiert?)

---

120 In manchen Fällen gibt es **Unterscheidungsschreibung** (vgl. Nr. 52).

ein freistehendes Haus (nicht bewohnt) – ein frei stehendes Haus (nicht Wand an Wand mit anderen)

gleichültig (innerlich unbeteiligt) – gleich gültig (in gleicher Weise gültig, in Geltung)

In einigen Fällen bevorzugt man
– Zusammenschreibung, wenn eine **Eigenschaft** bezeichnet werden soll,

eine *fleischfressende* Pflanze

– Getrenntschreibung, wenn ein **Vorgang** beschrieben werden soll.

ein (gerade jetzt) *Fleisch fressender* Hund

Diagramm für Getrennt- und Zusammenschreibung beim Adjektiv (oder Partizip)

121 Ist man sich nicht sicher, ob eine Verbindung mit Adjektiv (oder Partizip) getrennt oder zusammengeschrieben wird, sollte man sich nacheinander folgende Fragen stellen, z. B. *Ist der rechte Bestandteil ein Adjektiv oder Partizip? Ist der linke Bestandteil kein mögliches selbstständiges Wort?* usw.

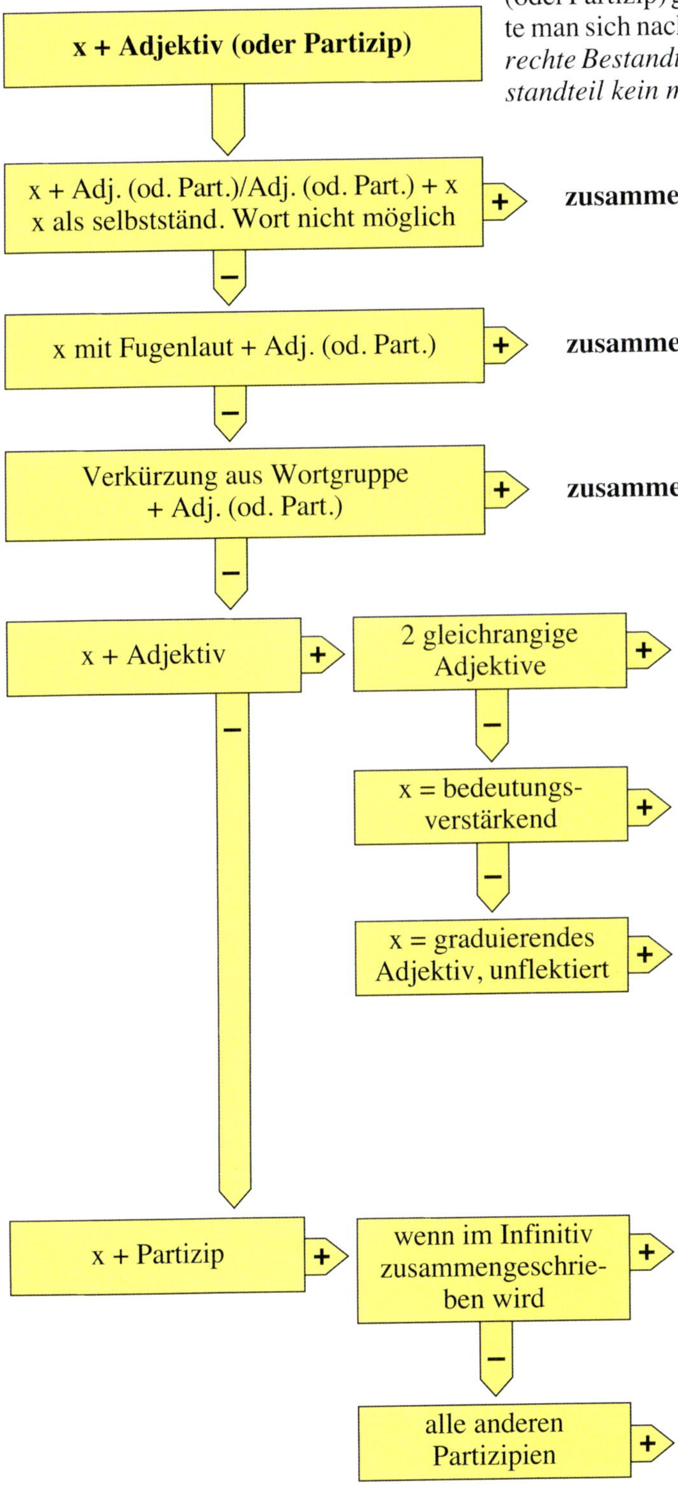

zusammen	*schreibgewandt; gutmütig, vieldeutig* (Nr. 112 a))
zusammen	*hilfsbereit, hoffnungsfroh, lebensbejahend* (Nr. 112 b))
zusammen	*butterweich; handgestrickt* (Nr. 113)
zusammen	*blaugrün, süßsauer* (Nr. 114 a))
zusammen	*bitterkalt; grundverschieden* (Nr. 114 b))
nach Belieben zusammen oder getrennt	*halbfett, schwerverständlich* oder *halb fett, schwer verständlich* (Nr. 115 a)) aber ausschließlich getrennt: *schwerer verständlich, besonders schwer verständlich*
zusammen	*freigesprochen; bevorstehend* (wegen *freisprechen, bevorstehen*) (Nr. 116)
nach Belieben zusammen oder getrennt	*hartgekocht;* oder *hart gekocht* (Nr. 117 a)) — *vielsagend* oder *viel sagend*

122	**Pronomen** mit ***irgend-*** werden als Zusammensetzungen aufgefasst und zusammengeschrieben.	irgendeiner, irgendetwas, irgendjemand, irgendwas, irgendwelche, irgendwer; irgendein, irgendwelcher
	Das gilt jedoch nicht, wenn *irgend* erweitert ist durch *so*.	irgend so ein, irgend so etwas
	Auch **Adverbien** mit ***irgend-*** werden zusammengeschrieben.	irgendeinmal, irgendwann, irgendwie, irgendwo, irgendwohin
123	Viele **Adverbien** sind Zusammensetzungen.	deswegen, meinetwegen; infolgedessen, keinesfalls, keineswegs; diesmal, einmal, keinmal, manchmal, zweimal; erstmals, letztmals, vielmals; bekanntermaßen, einigermaßen, gleichermaßen; erfreulicherweise, erstaunlicherweise, klugerweise, probeweise; bergauf, flussauf, kopfüber, landaus, landein, stromabwärts, tagsüber; beiseite
	Als Zusammensetzungen werden auch die nebenstehenden Adverbien aufgefasst, darunter Zusammensetzungen mit **-so** und mit **-zu** und **zu-**; (vgl. Nr.125 u. 126).	ebenso, genauso, geradeso, sowieso, umso, wieso; allzu, geradezu, hierzu, immerzu; zuerst, zuallererst, zuallerletzt, zugute, zuhöchst, zuletzt, zumindest, zunichte, zuoberst, zuteil (werden), zutiefst, zuunterst, zuwider (vgl. aber Nr. 126); beizeiten, derzeit, jederzeit, seinerzeit, zurzeit; **jedoch:** zur Zeit Heines, zu Zeiten Schillers
	Der **Adverbbestandteil *-einander*** bildet mit Präpositionen Zusammensetzungen (zusammengesetzte Adverbien); die beiden Bestandteile werden **zusammengeschrieben**.	aneinander, aufeinander, auseinander, beieinander, durcheinander, füreinander, ineinander, miteinander, untereinander, voneinander, zueinander
124	Es gibt auch zusammengesetzte **unterordnende Konjunktionen:**	anstatt, sobald, sofern, solange, sooft, sosehr, soviel, sowie, soweit (vgl. Nr. 11); *Sofern* du einverstanden bist, treffen wir uns morgen. *Sowie* Max da ist, brechen wir auf. (Vgl. Nr. 125.)
	ebenso zusammengesetzte **nebenordnende** Konjunktionen,	sowie, sowohl (– als auch) Zeitungen, Zeitschriften *sowie* Taschenbücher
	auch **Satzgliedkonjunktionen**	desto, umso
	und zusammengesetzte **Präpositionen.**	infolge, inmitten

125 Besondere Aufmerksamkeit ist nötig bei **Verbindungen mit *so:***	
– **Zusammenschreibung** bei unterordnenden Konjunktionen,	*Soweit* ich weiß, kommt Lisa schon morgen. *Soviel* mir bekannt ist, hat Daniel keine Geschwister. *Solange* Sarah noch nicht eingetroffen ist, können wir noch nicht anfangen.
– **Getrenntschreibung**, wenn *so* ein Adverb ist.	Florian war mit den Aufgaben schon *so weit* gekommen, dass er aufhören konnte. In der Küche ist doch noch *so viel* Brot. Es kamen *so viele* Besucher zu unserer Aufführung, wie wir nie geglaubt hatten. Lukas blieb *so lange*, bis es dunkel wurde. Marie muss erst in einer Woche zurück. *So lange* bleibt sie bei uns in Berlin. [*so lange* gleichbedeutend mit *bis dahin*] so hoch, so weit, so fern, so bald, so oft, so sehr usw.
Hingegen werden Adverbien vom Typ ***sogleich* zusammengeschrieben.** (Vgl. Nr. 123 für Wörter vom Typ **ebenso.)**	Die Schildbürger fanden *sogleich* die Ursache, wie sie meinten. sofort, sogar, sowieso

126 **Getrenntschreibung** ist in folgenden Verbindungen zu beachten:	
– mit **zu,**	zu Ende, zu Ende gehen, zu Hilfe, zu Hilfe kommen, zu Hilfe nehmen (z.B. ein Werkzeug) zu viel, zu wenig, zu weit (vgl. auch Nr. 100 b); vgl. hingegen Nr. 123)
– mit **wie,**	wie viel Kuchen, wie viele Gäste
– mit **gar.**	gar kein, gar nicht, gar nichts

127 In einigen Fällen gibt es **wechselnde Schreibungen**. Das gilt vor allem für		
– **Adverbien** (und Adjektive) bei **Erweiterung** eines **Bestandteils,**	achtmal diesmal keinmal manchmal	– zum achten Mal, das achte Mal – dieses eine Mal – kein einziges Mal – so manches Mal
	erstmals mehrmals vielmal, vielmals	– das erste Mal – mehrere Male – viele Male
	ein paarmal	– ein paar Male
	freundlicherweise	– in freundlicher Weise
	jahrelang	– mehrere Jahre lang

– **Maßzahlen**

drei Achtel	– drei achtel Liter (vgl. Nr. 145) (auch: drei Achtelliter)
fünf Hundertstel	– fünf hundertstel Sekunden (auch: fünf Hundertstelsekunden)

– Wörter mit **wechselnder Bedeutung**.

sogenannt (eine Bezeichnung trifft nicht genau zu)	– so genannt (auf diese Weise benannt)
vielmehr	– viel mehr

Max ist kein hemmungsloser Esser. *Vielmehr* isst er sehr diszipliniert. [*Vielmehr* ist Gegensatzadverb, ähnlich wie *stattdessen, trotzdem,* vgl. Nr. 9.]

Benni aß zu Mittag *viel mehr* als Max.

---

128 Bei einigen Wörtern gibt es nebeneinander **zwei gleichberechtigte Schreibungen** (Doppelschreibung).

anhand	– an Hand
anstelle	– an Stelle
aufgrund	– auf Grund
imstande (sein)	– im Stande (sein)
infrage kommen	– in Frage kommen
mithilfe	– mit Hilfe
sodass	– so dass
vonseiten	– von Seiten
zugunsten	– zu Gunsten
zugrunde (gehen, liegen)	– zu Grunde (gehen, liegen)
zuungunsten	– zu Ungunsten
zuhause	– zu Hause
nachhause	– nach Hause

Groß- und Kleinschreibung

Großschreibung

129 Das **erste Wort am Satzanfang** wird großgeschrieben.

*H*eute machen wir einen Wandertag. *W*ir wollen ins Elbsandsteingebirge.

Das gilt auch für das erste Wort im Wiedergabesatz der **direkten Rede,** auch wenn es sich dabei nicht um einen grammatisch vollständigen Satz handelt (vgl. Nr. 174 b)).

Tom fragte: „*O*b wir das schaffen?“

Außerhalb der direkten Rede wird das erste Wort nach einem **Doppelpunkt** dann großgeschrieben, wenn auf den Doppelpunkt ein ganzer Satz folgt; vgl. Nr. 171.

Die Lage war klar: *D*ie Radfahrerin hatte die Vorfahrt beachtet.
aber: Eine Person hatte die Vorfahrt beachtet: *d*ie Radfahrerin.

130 Alle **Substantive (Nomen)** werden **großgeschrieben**. (Vgl. Nr. 135.)	deine Antwort der Bruder das Enkelkind ihr Glaube eine Million mein Schrank die Schuld die Schwester ein Stuhl das Wort
131 Zu den Substantiven (Nomen) gehören auch die **Eigennamen** (auch mehrteilige):	
– Personennamen	Ludwig der *F*romme, Otto der *G*roße, August der *St*arke, Elisabeth die *Z*weite
– und Amtsbezeichnungen,	der *H*eilige Vater (der Papst), der *E*rste Vorsitzende
– Namen von Staaten	*V*ereinigte Staaten von Amerika, die *T*schechische Republik, *F*reie und Hansestadt Hamburg, *F*reie Hansestadt Bremen
– und Namen von Einrichtungen und Veranstaltungen,	die *D*eutsche Bahn, der *M*itteldeutsche Rundfunk, *I*nternationales *R*otes Kreuz, das *D*eutsche *R*ote Kreuz, der *T*ürkische *R*ote Halbmond; die *G*rüne Woche
– geografische Namen,	der *F*erne Osten, die sogenannte „*D*ritte Welt", der *K*leine Belt, die *S*ächsische Schweiz
– auch Straßennamen,	*B*eim Brunnen, *I*m *T*iefen Grunde, *A*m Gehölz
– biologische und andere fachsprachliche Benennungen,	das *F*leißige Lieschen, die *G*elbe Karte, der *G*oldene Schnitt
– Benennung bestimmter geschichtlicher Ereignisse,	der *W*estfälische Friede (1648), der *Sch*warze Tod (mehrere Pestseuchen im Mittelalter), die *G*oldene Bulle (Reichsgesetz von 1356), der *Z*weite Weltkrieg (1939–45)
– besondere Kalendertage und Ähnliches.	der *H*eilige Abend, der *W*eiße Sonntag, der *E*rste Mai; der Tanz ums *G*oldene Kalb, das *J*üngste Gericht, die *L*etzte Ölung
132 **Adjektive,** die **von Ortsnamen** und anderen geografischen Namen **abgeleitet** sind, werden	
– **großgeschrieben**, wenn sie auf *-er* enden,	*H*amburger Verkehrsmittel
– **kleingeschrieben**, wenn sie auf *-isch* enden.	*h*amburg*ische* Sprechweise
133 Zu den Substantiven (Nomen) gehören auch die **Substantive (Nomen) in festen Gefügen** (d.h. in festen mehrwortigen Verbindungen).	*A*ngst haben *A*ngst machen *E*rnst machen *R*ad fahren *R*echt behalten *R*echt haben *R*echt sprechen *U*nrecht haben (Bei *r*echt/*u*nrecht bekommen, haben, geben, tun ist ebenso Kleinschreibung möglich.)
Zu manchen dieser Substantive (Nomen) gibt es gleichlautende Adjektive. Vgl. auch Nr. 143 b).	Ihm war *angst* und *bange*. Sie meinte es *ernst*. Ist es dir *recht*?

134 Das erste Wort eines **Buchtitels,** einer **Zeitschrift** oder eines **Zeitungsnamens,** eines **Gesetzes** oder **Vertrages,** einer **Kapitel-Überschrift** und von Ähnlichem wird großgeschrieben.

*D*er kaukasische Kreidekreis, *D*er Winterschlaf des Igels, *S*üddeutsche Zeitung, *D*ie Welt;
*S*ächsisches Hochschulgesetz, der *W*estfälische Friede

auch innerhalb eines Satzes:
Unser nächstes Lesestück ist „*D*er Augsburger Kreidekreis".
Wir wollen diese Erzählung mit dem „*K*aukasischen Kreidekreis" vergleichen.

Aber (bei Veränderung des Artikels):

Es stand in *d*er „Zeit".

---

135 **Substantivierung (Nominalisierung):**
Auch solche Wörter, die ursprünglich einer anderen Wortart angehörten, werden großgeschrieben, wenn sie **als Substantive (Nomen) verwendet** werden.
Sie sind dann **in die Wortart Substantiv (Nomen) übergetreten.**

Verben: sein *K*ommen, dein *R*ufen, das *Sch*wimmen (vgl. Nr. 105)
Lisa hatte Freude am *St*ricken. Betty kam vom *Sp*ielen.

Adjektive und **adjektivisch gebrauchte Partizipien:** das *Sch*öne, die *A*lten, das *E*ingemachte, unser *E*ingefrorenes, das *L*etzte, etwas *F*eines, genug *N*eues, viel *G*utes, manches *B*rauchbare, allerlei *U*nnützes, wenig *W*ichtiges, nichts *W*esentliches, beliebt bei *J*ung und *A*lt
Es ist das *B*este, wenn du sofort kommst. (Vgl. Nr. 120.) Die Ampel schaltete auf *G*rün.

Pronomen: Tom musste immer das eigene *I*ch in den Vordergrund stellen.
ein gewisses *E*twas, das *M*ein und das *D*ein unterscheiden

Numeralien (Zahlwörter)

Kardinalzahlen: Der Zeiger rückte auf die *E*ins. (Vgl. Nr. 141)

Ordinalzahlen: Die Miete ist am *E*rsten jedes Monats fällig.

unbestimmte Zahlwörter: Es kam *V*erschiedenes dazwischen.
Sina war die *E*inzige, die diese Sprunghöhe erreichte. Das haben *U*nzählige gesehen.
jeder *E*inzelne, im *E*inzelnen, alles *Ü*brige; vgl. aber Nr. 139.

Adverbien: ein großes *D*urcheinander, das *H*in und *H*er, im *V*oraus

Präpositionen: das *F*ür und *W*ider
Der Ball rollte ins *A*us.

Konjunktionen: Es kommt nur auf das *D*ass an, nicht auf das *W*ie.

136	**Substantivierungs-** (Nominalisierungs)**merkmale:** Man erkennt ein substantiviertes (nominalisiertes) Wort meistens an einem der folgenden Merkmale:	
	– vorausgehender Artikel oder vorausgehendes Pronomen,	*das* Neue *mein* Daheim, *nichts* Neues; dieser, jener, welcher; mein, dein, sein, ihr, unser, euer, ihr
	insbesondere vorausgehendes Indefinitpronomen (vgl. Nr. 7 g))	alles, einige, etwas, kein, manche, mancher, manches, nichts; auch: allerlei, manch
	od. unbestimmtes Zahlwort (vgl. Nr. 8),	ein paar, viel, vielerlei, wenig; auch: genug
	– vorangestelltes Adjektivattribut oder nachgestelltes Attribut beliebiger Art,	nach *langem* Hin und Her das Zweifache (auch: das Doppelte) *des früheren Preises*
	– Verwendung als Subjekt oder Objekt, (vgl. Nr. 29 und 31)	Gestern kam *Verschiedenes* dazwischen. [Subjekt] Wir sahen *Verschiedenes*. [Objekt]
	– Verwendung als kasusbestimmtes Attribut. (Vgl. Nr. 33.)	Stephan als *Jüngster* kann noch nicht lesen. [Kasus hier: Nominativ]
	In einigen festen Verbindungen mit eigener Bedeutung kann das Adjektiv klein- oder großgeschrieben werden (Doppelschreibung).	das *S*chwarze Brett (= Anschlagtafel), die *E*rste Hilfe
137	**Adjektive** und **Partizipien** sowie **unbestimmte Zahlwörter** in festen Verbindungen werden dann **großgeschrieben,** wenn vor ihnen ein Artikel steht oder ein Artikel in eine Präposition eingeschmolzen ist.	*das F*olgende; *im K*laren (sein); *fürs* Erste, *des N*äheren, *aufs N*eue; *im E*inzelnen [unbestimmtes Zahlwort, vgl. Nr. 135], *im G*anzen, *im W*esentlichen
	In Verbindungen **ohne Artikel** werden die Adjektive **kleingeschrieben.** Wenn die Adjektive jedoch eine Kasusendung an sich tragen, können sie auch großgeschrieben werden **(Doppelschreibung)**.	durch *d*ick und *d*ünn, von *k*lein auf, von *n*ah und *f*ern vor *k*urzem, von *n*euem, seit *l*ängerem, von *w*eitem, bei *w*eitem, bis auf *w*eiteres, ohne *w*eiteres, binnen *k*urzem **auch:** vor *K*urzem … usw.
138	Das **Anredepronomen „Sie“ (Personalpronomen,** Höflichkeitsanrede) schreibt man **groß.**	Vgl. Nr. 7 a).
	Das gilt für alle Kasus	*S*ie, *I*hrer, *I*hnen
	und für das **Possessivpronomen** in der schriftlichen und in der schriftlich wiedergegebenen mündlichen Anrede.	*I*hr Hund, *I*hre Katze, *I*hr Haus z. B. Ich habe *Ihren* Hund gesehen. [Akkusativ]
	Die Anrede **„du“** und ebenso **„ihr“** und **„dein“, „euer“** schreibt man klein; **in Briefen** können diese Pronomen auch großgeschrieben werden.	„Für *deinen* Anruf danke ich *dir* vielmals.“ Ich danke *Dir* herzlich für *Deinen* Brief aus Italien.

139	**viel, wenig, der eine, der andere:** Diese **vier unbestimmten Zahlwörter** (mit allen Deklinations- und Steigerungsformen) werden **kleingeschrieben.** (Vgl. Nr. 8: unbestimmtes Numerale [Zahlwort] und zum Thema Substantivierung der anderen unbestimmten Zahlwörter Nr. 135)	*v*iel, *v*iele, (auch: *m*ehrere, die *m*eisten), *w*enig(e), der *e*ine, der *a*ndere, die *v*ielen, einige *w*enige Ausnahme: als eine Bezeichnung für Gott: der *E*ine Wenn der Schreibende im Einzelfall ein solches Wort als substantiviert auffasst, dann kann er es großschreiben: etwas ganz *A*nderes, die *E*ine und die *A*nderen, die *M*eisten (vgl. Nr. 135)
140	**Adjektive** werden **auch nach Artikel** dann **kleingeschrieben,** wenn sie sich auf ein vorangegangenes oder nachfolgendes Substantiv (Nomen) beziehen.	Mit den neuen Lokomotiven hat sich die Fahrtdauer verkürzt. Die *a*lten konnten nicht so gut beschleunigen wie die *n*euen. [Bezugswort: *Lokomotiven*] Julia ist die *ä*lteste meiner drei Schwestern. [Bezugswort: *Schwestern*]
141	Die **Kardinalzahlen** (Grundzahlen) werden normalerweise **kleingeschrieben.**	Diese *drei* kamen uns bekannt vor. die *z*wei, die *b*eiden
	Gelegentlich können Kardinalzahlen aber substantiviert werden; dann werden sie, wie alle Substantive (Nomen), großgeschrieben.	Es ist gleich *zwölf* Uhr. aber: Der Zeiger nähert sich der *Zwölf*. [Substantivierung, vorangehender Artikel, vgl. Nr. 135 u. 136]
	Einige Kardinalzahlen können **sowohl groß- als auch kleingeschrieben** werden **(Doppelschreibung).**	einige *h*underte von Menschen – einige *H*underte von Menschen, ebenso: *t*ausende – *T*ausende in einigen *d*utzend Farben – in einigen *D*utzend Farben
142	Die **Indefinitpronomen** (vgl. Nr. 7g)) werden **kleingeschrieben.** Siehe aber im Gegensatz dazu über unbestimmte Numeralien (Zahlwörter) Nr. 135, vgl. Nr. 139.	Die Indefinitpronomen werden nie substantiviert: *m*ancher, *j*emand, *k*einer usw.
143	a) **Desubstantivierung** (Denominalisierung): Es gibt Wörter, die aus der Wortart Substantiv (Nomen) **in andere Wortarten übergetreten** sind. Sie werden **kleingeschrieben.**	**Adverbien:** *a*bends, *m*orgens, *n*achts, *m*ittwochs, *a*nfangs; *b*eiseite (< Abend, Morgen, Nacht, Mittwoch, Anfang; Seite) (Vgl. Nr. 144.) **Präpositionen:** *a*bseits (*abseits* der Straße), *a*ngesichts, *m*angels, *m*ittels (< Seite, Angesicht, Mangel, Mittel) **Konjunktionen:** *f*alls, *t*eils ... *t*eils (< Fall, Teil) **Indefinitpronomen:** ein *b*isschen, ein *p*aar (< Bissen [< Biss], das Paar)

b) Es gibt einige Substantive (Nomen), die in bestimmten Textzusammenhängen in eine andere Wortart übergegangen sind und daher in diesem Fall kleingeschrieben werden.

als **Adjektive** in Verbindung mit den Verben **sein, bleiben, werden:**
*a*ngst, *b*ange, *e*rnst, *f*eind, *g*ram, *l*eid, *p*leite, *r*echt, *sch*uld, *u*nrecht; auch: *w*ert
(< die Angst, die Bange, der Ernst, der Feind, der Gram, das Leid, die Pleite, das Recht, die Schuld; das Unrecht, der Wert)

Das ist Lisa *r*echt. (Vgl. Nr. 132.)

als **Präpositionen:**
*d*ank, *k*raft, *l*aut, *s*tatt, *t*rotz, *z*eit
(< Dank, Kraft, der Laut, die Statt [Stätte], der Trotz, Zeit)
Schneewittchen war den Zwergen *zeit* ihres Lebens dankbar.

Vgl. Nr. 127 für **wechselnde Schreibungen.**

diesmal – dieses eine Mal usw.

---

144 **Zeitangaben** werden teils klein-, teils großgeschrieben, je nachdem, ob man sie

– als **Adverbien**

*a*bends, *m*orgens, *n*achts, *d*onnerstags

– oder als **Substantive (Nomen)**

am *A*bend, eines *A*bends, des *A*bends,
am *M*orgen, eines *M*orgens, des *M*orgens;
in der *N*acht, des *N*achts, eines *N*achts; am *D*onnerstag

auffassen muss.

Tageszeitbezeichnungen nach den **Adverbien *heute, gestern, morgen, vorgestern, übermorgen*** werden großgeschrieben.

gestern *M*orgen, heute *M*ittag, morgen *A*bend

aber: (der) *D*ienstag*n*achmittag, (der) *F*reitag*a*bend, (der) *S*onntag*m*orgen

---

145 Die **Bruchzahlen auf -tel** werden vor Maßangaben kleingeschrieben.

ein *z*ehntel Millimeter, zwei *h*undertstel Sekunden,
eine *d*reiviertel Stunde (vgl. auch Nr. 127)

Sie werden auch in Uhrzeitangaben kleingeschrieben, wenn sie darin unmittelbar vor einer Kardinalzahl stehen.

*d*reiviertel fünf

In allen anderen Fällen werden Bruchzahlen auf *-tel* und *-stel* großgeschrieben.

ein *D*rittel, das zweite *V*iertel, ein *Z*ehntel des bisherigen Preises
ein *V*iertel vor fünf

Worttrennung am Zeilenende

146 **Grundregel:** Am Zeilenende werden Wörter an einer **Silbengrenze** getrennt. Die Silben ergeben sich beim langsamen Sprechen.

Bau-er, lang-sam, mü-de, Mu-se-um, ru-fen, schrei-ben, Steu-ern

---

147 Steht nur **ein Konsonant** zwischen zwei Vokalen, so kommt er bei der Trennung des Wortes auf die **nächste** Zeile. (Vgl. aber Nr. 148.)

ba-den, bei-ßen, Ha-fen, ru-fen;
ko-misch, trau-rig

Stehen in einem **einfachen** (nicht zusammengesetzten) **Wort mehrere Konsonanten** zwischen zwei Vokalen, so kommt bei der Trennung des Wortes nur der **letzte** Konsonant auf die neue Zeile.

El-tern, Fin-ger, Gar-ten, müs-sen, Was-ser;
auch: die Kis-te, der kühns-te, lus-tig, der sechs-te;
imp-fen, kämp-fen

Einzelne Vokale am Wortanfang und am Wortende werden nicht abgetrennt.

nicht: *A-bend, sondern: Abend
nicht: *Tau-e, sondern: Taue
ferner: aber, eben, Esel, oben, Ofen; Treue, neue

---

148 **Zusammengesetzte Wörter,** auch solche mit Vorsilben, werden nach ihren Bestandteilen getrennt,

Ver-ein (nicht: *Ve-rein)
Tür-spalt (nicht: *Türs-palt)

die Bestandteile ihrerseits gemäß Nr. 146 und 147.

ab-fah-ren, be-rich-ten, Ba-de-meis-ter, Ver-eins-haus

---

149 Da Zusammensetzungen (im Sinne von Nr. 148) häufig nicht als solche aufgefasst werden, werden sie von den Schreibenden nach den in Nr. 146 und 147 wiedergegebenen Regeln getrennt. Diese Trennung ist gleichfalls zu akzeptieren.

her-an – he-ran
hin-auf – hi-nauf

Daher ergibt sich für solche Wörter die Möglichkeit von **Doppelschreibungen** bei der Trennung.

Päd-ago-gik (nach den altgriechischen Wortbestandteilen)	–	Pä-da-go-gik (nach der Aussprache)
in-ter-es-sant (aus: lat. inter (= zwischen) + esse (= sein)	–	in-te-res-sant (nach der Aussprache)

---

150 Die **Buchstabenverbindungen** (Schriftzeichen) **ch, sch, ck, ph, th** werden nicht getrennt, wenn sie für einen (einzigen) Laut stehen.

Bü-cher, wa-schen, Na-cken, Phos-phor, Goe-the;
auch: ba-cken, tro-cken, Zu-cker

Zeichensetzung

151 a) Der **Punkt** kennzeichnet das Ende eines

– Satzes

Der Zug fährt in diesem Augenblick ab.

– oder Satzgefüges

Der Wagen kam ins Schleudern, weil der Fahrer, als er den Hund erblickte, zu plötzlich gebremst hatte. [*Satzgefüge*]

– oder einer Satzreihe.

Ein Hund stürzte auf die Fahrbahn, der Fahrer eines herankommenden Wagens musste plötzlich bremsen, der Wagen geriet ins Schleudern. [*Satzreihe*]

(Vgl. Nr. 40 u. 39.)

b) Das **Fragezeichen** ist ein Mittel, um in der geschriebenen Sprache zu kennzeichnen, dass eine Äußerung als Frage verstanden werden soll.

Will Susanne mitkommen?
Wann wollen wir uns treffen?

Dies gilt auch dann, wenn der Satz nicht als Fragesatz (vgl. Nr. 36) gebaut ist.

Du kommst doch?

c) Durch das **Ausrufungszeichen** wird eine Äußerung als

– Ausruf

Ausgerechnet heute muss es regnen! [*Ausruf*]

– oder betonter Wunsch

Es wäre so schön, wenn jetzt die Sonne schiene! [*Wunsch*]

– oder betonte Aufforderung

Geht heute Abend bitte schnell ins Bett! [*Aufforderungssatz*]

– oder als aus anderen Gründen betont

Er gab das Buch nicht zurück, obwohl ich ihn nicht weniger als dreimal dazu aufgefordert hatte! [*betonte Aussage*]

gekennzeichnet.

d) Eine nicht betonte Aufforderung wird mit einem **Punkt** abgeschlossen.

Schreibt die Aufgabenstellung vollständig in eure Hefte.

---

152 Das **Komma** ist ein **grammatisches Gliederungszeichen.** Das Komma hat zwei verschiedene Aufgaben:

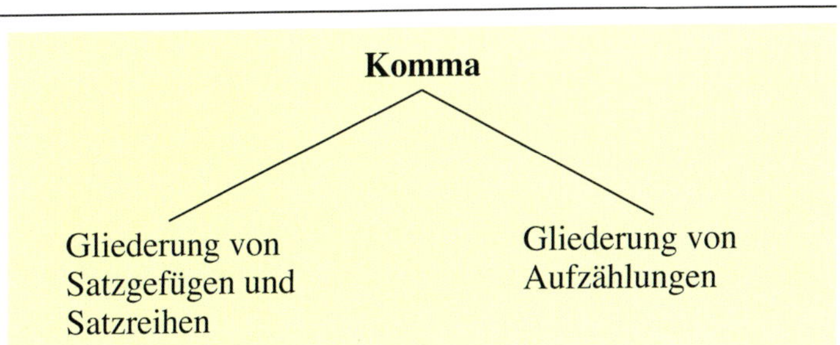

a) Das Komma macht die innere **Gliederung** von **Satzgefügen** und **Satzreihen** sichtbar. Das Komma trennt die Glieder eines Satzgefüges oder einer Satzreihe gegeneinander ab.

Siehe Nr. 153–164 sowie 168 u. 169.

b) Das Komma macht die **Gliederung** innerhalb einer **Aufzählung** sichtbar. Das Komma trennt die Glieder einer Aufzählung gegeneinander ab.
Siehe Nr. 165–167.

c) Das Komma ist **kein Atemzeichen** und **kein Rhythmuszeichen.** Es dient nicht zur Kennzeichnung der Stellen, an denen die Schreibenden beim Sprechen eine Atempause machen würden.

Deshalb ist es kein erfolgversprechender Weg, die Kommas beim Schreiben „nach Gefühl“ zu setzen. Vielmehr muss man sich die **Baupläne** seiner Sätze klarmachen.

Für die Hilfe, mit der man am schnellsten Nebensätze erkennt, siehe Nr. 154 und vgl. Nr. 40.

---

153 Zur ersten Aufgabe des Kommas: Gliederung von Satzgefügen und Satzreihen (vgl. auch Nr. 161)

Das **Komma** trennt den **Nebensatz** von einem Hauptsatz ab:

– den nachgestellten Nebensatz (Nachsatz),

Daniel spielte Anna den Ball zu, *weil diese jetzt frei stand*.

– den vorangestellten Nebensatz (Vordersatz),

Weil Anna jetzt frei stand, spielte ihr Daniel den Ball zu.

– den eingefügten Nebensatz (Zwischensatz).
(Der eingefügte Nebensatz wird in ein Kommapaar eingeschlossen: **paariges Komma**.)

Daniel spielte Anna, *weil sie jetzt frei stand*, den Ball zu.

(Vgl. Nr. 42 c))

---

154 Wie erkenne ich die Nebensätze?

Für die richtige Zeichensetzung ist es wichtig, in einem Text die **Nebensätze** zu erkennen.

Einleitewort	verschiedene Satzglieder	Personalform des Verbs

Vgl. Nr. 41.

a) Zum Erkennen der Nebensätze ist die Beachtung der **Personalformen des Verbs** das wichtigste Hilfsmittel.
Bei den meisten Nebensätzen steht die **Personalform des Verbs** (die finite Verbform, das Verbum finitum) **am Satzende**.

weil Daniel es ihm versprochen *hatte*

Oder die Stellung der Satzglieder lässt sich so **umwandeln**, dass die Personalform des Verbs ans Satzende kommt.

…, obwohl die Jungen nicht dabei gewesen *waren* bei der Besprechung.
➪…, obwohl die Jungen bei der Besprechung nicht dabei gewesen *waren*.

b) Am **Satzanfang** der Nebensätze steht als **Einleitewort**

– entweder eine unterordnende Konjunktion

weil, obwohl, dass usw.

– oder ein Relativpronomen

der, die, das; welcher; wer, was; bei dem usw.

– oder ein Relativadverb.

woher, wann, weshalb usw.

c) Die Nebensätze sind also an der **Nebensatzklammer** zu erkennen, die sie einfasst.
Sie besteht aus einem Einleitewort **(vordere Klammer)** und der Personalform des Verbs **(hintere Klammer).**

[weil Daniel es ihm versprochen hatte]

[– unterordnende Konjunktion
– Relativpronomen
– Relativadverb] … [Personalform des Verbs]

Vgl. Nr. 40 und 41 sowie auch Nr. 43.

---

155 Das **Komma** trennt den **Nebensatz** von einem übergeordneten Nebensatz ab.

Anna lief sich frei, weil sie den Ball haben wollte [übergeordneter Nebensatz], *den Daniel sehr schnell nach vorne gebracht hatte* [untergeordneter Nebensatz].

---

156 Bei **Vergleichen** wird dann ein Komma gesetzt, wenn ein **ganzer Vergleichssatz** folgt (Komparativsatz, vgl. Nr. 42 b));

Das war mehr, *als wir vertragen konnten*. Dieser eine leistete an einem Tage mehr, *als die anderen in vier Tagen fertiggebracht hatten*.

andernfalls wird kein Komma gesetzt.

[Vergleich, aber kein Vergleichssatz:] Dieser eine leistete an einem Tage mehr *als die anderen in vier Tagen*.

---

157 a) **Besonderheiten beim Nebensatzanfang:** Besteht der Anfang eines Nebensatzes aus **mehr als einem Einleitewort,** so wird das Komma **vor die ganze Wortgruppe** gesetzt.

Sie wollten bis Worms radeln, *auch wenn* sie die letzten Kilometer bei Dunkelheit fahren müssten.

Ich habe Tom selten gesehen, *aber wenn* wir uns trafen, haben wir ausführlich miteinander gesprochen.

Die Freunde entdeckten Florian, *gleich als* er das Haus verließ.

Wir wollen morgen nach Stavenhagen, *ganz gleich wie* das Wetter wird.

Als Wortgruppen dieser Art kommen vor allem vor:

auch wenn
außer dass, außer wenn, außer wo
als dass
anstatt dass
ohne dass
nämlich dass, nämlich wenn
selbst wenn

ferner:
je nachdem ob
je nachdem wie
vor allem weil
besonders wenn
besonders weil
insofern als

b) **und + unterordnende Konjunktion:** Wenn ***und*** ein **Satzgefüge** anbindet, das mit einem Nebensatz beginnt, so wird das Komma vor das ***und*** gesetzt, entsprechend bei ***oder*** und anderen nebenordnenden Konjunktionen (vgl. Nr. 165 d)).

Tom kam spät nach Hause, *und weil* er sehr hungrig war, setzte er sich sofort zu Tisch.

---

158 Das **Komma** trennt die **satzwertige Infinitivgruppe** vom übergeordneten Satz ab.

Eine Infinitivgruppe besteht mindestens aus einem Infinitiv + *zu*. Satzwertig ist eine Infinitivgruppe dann, wenn sie durch einen Nebensatz ersetzt werden kann. (Vgl. zum Begriff „satzwertige Infinitivgruppe“ Nr 42 a)).

Anna sprang sehr hoch, um zu fangen.
→ Anna sprang sehr hoch, *damit sie fangen konnte*.

In den folgenden Fällen **muss** das Komma gesetzt werden (**obligatorisches Komma**):

– wenn vor einem Infinitiv mit *zu* **eines der folgenden Wörter** steht: ***um, ohne, (an)statt, als, außer***

Anna sprang, *um zu fangen*, sehr hoch.

– wenn die Infinitivgruppe **von einem Substantiv (Nomen) abhängt,**

Anna hatte Erfolg bei ihrem Versuch, *den Ball doch noch zu fangen*.

– wenn die Infinitivgruppe durch ein **hinweisendes (vorausweisendes) Wort**

Anna schaffte es, *den Ball sicher in den Korb zu bringen*.
Anna dacht nicht daran, *den Ball noch einmal abzugeben*.

oder durch ein **aufnehmendes Wort** mit dem übergeordneten Satz **verknüpft** ist.

Den Ball abzugeben, das hätte keinen Vorteil gebracht.
Den Ball abzulenken, damit hatte die Gegenspielerin keinen Erfolg.
Das Spiel abzubrechen, *diese Maßnahme* wäre unberechtigt gewesen.

Wenn der Infinitiv mit *zu* unbegleitet ist, kann das Komma wegfallen. Ein unpersönliches *es* ist kein übergeordnetes Substantiv (Nomen).

Der Versuch (,) *zu sprechen* (,) misslang.
Anna schaffte es (,) *zu springen*.
Es fängt an zu schneien. [kein Komma]

159 In allen anderen Fällen ist nach dem amtlichen Regelwerk das Komma bei der Infinitivgruppe **fakultativ,** d.h. man **kann** es setzen, aber man muss es nicht.

Sohpie versuchte vergeblich (,) *den Ball mit ihrer Hand zu erreichen*.

Empfehlung: Man sollte das Komma bei der satzwertigen Infinitivgruppe **stets** setzen, weil dadurch das Satzgefüge übersichtlicher wird.

---

160 a) Die gleiche Regelung und die gleiche Empfehlung wie in Nr. 159 gilt auch für

– **satzwertige Partizipgruppen,**

Den ganzen Körper mächtig streckend (,) warf Anna den Ball in hohem Sprung in den Korb.
Vom Dauerschwimmen ganz erschöpft (,) torkelten die Kinder zu den Umkleideräumen.

– **ähnliche satzwertige Wortgruppen,**

Die Wanderer suchten, *die Karte in der Hand*, nach der richtigen Abbiegung. (Vgl. Nr. 160 b)).

– **Adjektivgruppen.**

Die Frühlingssonne, *warm und hell*, stimmte nach dem langen Winter alle fröhlich. (Vgl. Nr. 160 b)).

Auch bei den satzwertigen Partizip- und ähnlichen Gruppen sollte man das Komma in jedem Fall setzen.

b) Auch bei all diesen Wortgruppen gibt es Fälle, in denen das Komma gesetzt werden **muss** (obligatorisches Komma): wenn eine solche Gruppe

– **eingeschoben**

Anna warf, *den ganzen Körper mächtig streckend*, den Ball in hohem Sprung in den Korb.

– oder **nachgestellt**

Das Baby lag trotz der Kälte draußen in seinem Wagen, *bis zur Nasenspitze gut eingepackt*.

– oder durch ein **aufnehmendes Wort** mit dem übergeordneten Satz **verknüpft** ist.

Vom Schwimmen ganz erschöpft, *so* torkelten die Kinder zu den Umkleideräumen.

161 Das **Komma** trennt die Teilsätze einer **Satzreihe** voneinander ab.

______, ______, ______, ______.

(Vgl. Nr. 39; man kann mit Blick auf die Zeichensetzung die Satzreihe auch als eine Aufzählung von Hauptsätzen auffassen.)

Die Sonne schien, viele Kleinkinder tummelten sich auf dem großen Spielplatz, die meisten spielten im Sand, einigen gefiel es im Planschbecken noch besser.

Die Teilsätze einer Satzreihe können durch eine Konjunktion miteinander verknüpft sein.

______, denn ______.

Die Erwachsenen konnten ungestört miteinander plaudern, *denn* auf dem großen Spielplatz im Stadtpark beschäftigten sich die Kinder alle selbst.

Für den besonderen Fall der Satzreihe mit dem Verknüpfungswort *und* oder *oder* oder eine andere nebenordnende Konjunktion siehe Nr. 167.

---

162 Das Komma trennt **alle Teile** ab, **die den Fluss des Satzes hemmen**, wie z.B.

- **Anreden,**

„*Sophie*, sieh dich doch einmal schnell um!“

- **Einschübe** (vgl. auch Nr. 159 b)),

Nachts, *d. h. nach 24.00 Uhr*, ist der doppelte Fahrpreis zu zahlen.
[Die Einschübe werden in Kommas eingeschlossen: **paariges Komma.**]

- **nachgestellte Teile (Nachträge),**

Gestern sind sehr viele Dächer abgedeckt worden, *durch den Sturm*.
Verlassen Sie mein Haus, *und zwar sofort!*
Diese Buslinie ist gut ausgelastet, *vor allem morgens und abends*.

- **Verdoppelungen, Wiederholungen,**

Der Sturm, dieser außergewöhnlich heftige Sturm hat vieles verwüstet.

- den **nachgestellten oder eingeschobenen Begleitsatz** in der direkten Rede (vgl. Nr. 174 d) u. c)).

„Kommen die Mädchen gleich nach?“, *fragte ihn seine Tante*.
„Die Mädchen“, *sagte der Bruder,* „kommen gleich nach.“

In einigen Fällen gewinnt der Schreibende **Möglichkeiten besonderer Hervorhebung** oder hat Wahlfreiheit.

Theo ließ vor Schreck den Teller fallen.
Theo ließ, *vor Schreck*, den Teller fallen.
Theo ließ den Teller fallen, *vor Schreck*.

163 Zu den Einschüben gehört auch die **Parenthese** (eingeschobener Hauptsatz oder eingeschobenes Satzgefüge; das Anfangswort wird kleingeschrieben).

Auf dem Nachhauseweg, *es war mitten im Winter*, überraschte uns ein Gewitter.
Die Nachbarin, *du weißt schon, wen ich meine,* sah lange vom Balkon herunter.

Man kann die Parenthese – und auch andere Einschübe – statt in Kommas auch in **Gedankenstriche** oder in **Klammern** einschließen.

Auf dem Nachhauseweg – *es war mitten im Winter* – überraschte uns ein Gewitter.
Auf dem Nachhauseweg *(es war mitten im Winter)* überraschte uns ein Gewitter.

164 **Nachgestellte Appositionen** (Erweiterungen eines Substantivs [Nomens] durch ein nachgestelltes Substantiv im gleichen Kasus) müssen immer in Kommas eingeschlossen werden **(paariges Komma)** (vgl. Nr. 33).

Ich musste erst noch Moritz, *meinem alten Freund*, helfen.

165 **Zur zweiten Aufgabe des Kommas: Gliederung von Aufzählungen**

a) Das **Komma** trennt die **Glieder einer Aufzählung** voneinander.

Schwimmen, Langlauf, Basketball sind meine drei Lieblingssportarten.

Die Schüler kommen *teils zu Fuß, teils mit dem Fahrrad, teils mit dem Bus*.

b) Es können **aufgezählt** werden:

– **Wörter**

Die vier Jahreszeiten sind *Frühling, Sommer, Herbst* und *Winter*.

– **Wortgruppen**

Man kann diese Aufgabe *im Kopf, auf dem Papier, mit dem Taschenrechner* lösen.

darunter auch mehrstellige Wortfolgen

Wir wollen *eine längere Radtour machen, unterwegs in einem der Badeseen schwimmen, danach Ball spielen, aber trotzdem rechtzeitig nach Hause kommen*.

– **Sätze** (gleichrangige Teilsätze):

• **Hauptsätze**

Die Wolkendecke reißt auf, die Sonne bricht durch, Julia und Martin mieten an der Anlegestelle ein Ruderboot. (**Satzreihe**; vgl. Nr. 161)

• oder **gleichrangige Nebensätze;** (*gleichrangig* bedeutet: Von den Nebensätzen ist keiner einem der anderen Nebensätze untergeordnet).

Laura wusste, *dass Fatima ihr helfen wollte, dass sie schon unterwegs war, dass sie in wenigen Minuten durch die Tür treten musste*. (**gleichrangige Nebensätze**)

Gegenbeispiel: ungleichrangige Nebensätze

Laura wusste, *dass Maria gefragt hatte, ob sie sofort kommen soll.*

Der 3. Teilsatz [ein Nebensatz] ist hier mit dem 2. Teilsatz [ebenfalls ein Nebensatz] nicht gleichrangig. Teilsatz 3 ist dem Teilsatz 2 untergeordnet. (Vgl. Nr. 155.)

c) Die Glieder einer Aufzählung können auch

- durch eine **Gegensatz-Konjunktion** (***aber, jedoch, sondern***) miteinander verknüpft sein.

Er sang nicht schön, *aber* laut.
Er versuchte es erneut, *jedoch* vergebens.
Es waren nicht vier, *sondern* zehn Kamele.

- oder durch das **negierende Adverb *nicht*** oder durch **das negierende Pronomen *kein***

Laura wollte am Dienstag, *nicht* am Mittwoch kommen.
Wir erwarten Sonnenschein, *keinen* Regen.

- oder durch eine **Satzteil-Konjunktion.**

teils zu Fuß, *teils* mit dem Fahrrad, *teils* mit dem Bus

Jedoch steht vor **nachgestelltem *aber*** kein Komma.

Susi kam sofort, Laura *aber* erst nach zehn Minuten.

d) Bei der **Aufzählung** von **Wörtern** und **Wortgruppen** gilt:

***und* löscht das Komma;**

d. h. wenn Glieder der Aufzählung durch ***und*** oder eine andere **nebenordnende Konjunktion** miteinander verknüpft sind, steht zwischen ihnen **kein Komma**.

Die Schüler kommen teils zu Fuß, teils mit dem Fahrrad *und* teils mit dem Bus.
Die Schüler kommen zu Fuß, mit dem Fahrrad *oder* mit dem Bus.
(Vgl. für das Gegenteil Nr. 165 a).)

Das Komma ist gleichsam „ersetzt" durch *und, oder* beziehungsweise eine andere nebenordnende Konjunktion.
(Vgl. Nr. 11)

Als solche **nebenordnenden Konjunktionen** kommen in Betracht:

und	sowohl … als auch
oder	entweder … oder
sowie (= ‚und')	weder … noch
beziehungsweise (bzw.)	

166 Feinheiten des sprachlichen Ausdrucks: gleichrangige und ungleichrangige Attribute

Das **Komma** zwischen Attributen legt an manchen Stellen die genaue Bedeutung einer Wortfolge fest:

– Sind die **Attribute gleichrangig,** steht ein Komma.

der *dritte, aufregende* Tag
[Der gemeinte Tag hat zwei Eigenschaften. Er ist
1. der dritte (z. B. seit der Abfahrt)
2. aufregend;
gleichrangige Attribute: Adj. + Adj. + Substantiv]

– Wenn kein Komma steht, sind die Attribute **nicht gleichrangig,** sondern das linke Attribut erweitert den gesamten übrigen Ausdruck.

der *dritte aufregende* Tag
[Es gab oder gibt mehrere aufregende Tage. Von diesen aufregenden Tagen ist jetzt der dritte gemeint;
ungleichrangige Attribute: Adj. + (Adj. + Substantiv)]

Das Komma zwischen Attributen ist für die Schreibenden ein feines Mittel der **Leser-Lenkung.** Mit dieser Kommasetzung kann ausgedrückt werden, wie der Leser den Text verstehen soll.

ferner:
das *oberste, renovierte* Stockwerk
[Das oberste Stockwerk ist renoviert, die anderen nicht.]

das *oberste renovierte* Stockwerk
[Mehrere Stockwerke sind renoviert. Von diesen ist jetzt das oberste gemeint.]

neue, umweltfreundliche Verfahren
[Es gibt neue Verfahren, und die sind – im Gegensatz zu den alten – umweltfreundlich.]

neue umweltfreundliche Verfahren
[Es gibt umweltfreundliche Verfahren, und von diesen gibt es jetzt eine neue Art.]

---

167 Für die Aufzählung von vollständigen Hauptsätzen, die durch ***und*** (oder ein anderes verknüpfendes Wort oder Wortpaar) verknüpft sind, gilt eine Sonderregelung:

Der Schreibende kann in einer solchen Aufzählung von Sätzen mit *und* (oder einer anderen nebenordnenden Konjunktion) das Komma weglassen oder es setzen **(fakultatives Komma)**.

(,) und .

Die Wolkendecke reißt auf (,) *und* die Sonne bricht durch.
[*zwei Hauptsätze als Teilsätze einer Satzreihe*]

mögliche Verknüpfungswörter (oder Wortpaare):
und
oder
beziehungsweise / bzw.
entweder – oder
weder – noch
nicht – noch

168 **Ein notwendiges Komma vor *und* sowie anderen Konjunktionen:**
In Aufzählungen mit *und* (oder einer anderen nebenordnenden Konjunktion) **m u s s** vor dem *und* (usw.) dann ein Komma gesetzt werden,

– wenn vor dem *und* (usw.) ein Nebensatz als **Zwischensatz** (vgl. Nr. 42 c) und 153) eingefügt ist

Das Haus, *das am Fluss steht*, *und* das Haus auf der Bergkuppe gehören dem gleichen Eigentümer.

[*Das gilt auch in dem Fall, in dem der Zwischensatz in einen Nebensatz eingefügt ist*:]
Die Kinder, die gerade hitzefrei bekommen hatten, *weil es wärmer als 27° C war*, *und* die jetzt schnell zum Baden wollten, rasten auf ihren Fahrrädern nach Hause.

– oder ein anders gearteter **Einschub** (vgl. Nr. 162).

Robin, *heute wieder gut in Form*, *und* sein Bruder wurden gemeinsam Sieger.

.

(Vgl. Nr. 174 e).)

---

169 **Mögliche Kommasetzung**
(fakultatives Komma)

Der Schreibende **k a n n** ein **Komma** setzen:

– vor und nach **formelhaften (bzw. verkürzten) Nebensätzen,**

Wie gesagt (,) es war mitten im Winter.
Die Krankenschwester kommt (,) *wenn nötig* (,) auch nachts.

– um **Missverständnisse auszuschließen,**

Sie rieten (,) ihm zu folgen. ↔ Sie rieten ihm (,) zu folgen.
Ich empfehle (,) Sascha zu helfen. ↔ Ich empfehle Sascha (,) zu helfen.

– zwischen **Hauptsätzen** mit *und* usw.

siehe Nr. 167

– vor und nach **satzwertigen Infinitiv- oder Partizipgruppen sowie ähnlichen Wortgruppen** in vielen Fällen.

siehe Nr. 158–160

---

170 Das **Semikolon** (Strichpunkt) wird zwischen zwei Sätze gesetzt, wenn ein Punkt eine zu scharfe Trennung bedeuten würde, weil diese beiden Hauptsätze inhaltlich eng zusammenhängen. Nach dem Semikolon wird kleingeschrieben, soweit es sich dabei nicht um ein Substantiv (Nomen) handelt.

Die Vorstellung war zu Ende; die Leute kamen heraus.

171 Der **Doppelpunkt** dient der Ankündigung: – vor allem der Ankündigung der wörtlichen Rede (vgl. Nr. 174 b))	*Laura rief:* „Stefan, kannst du mir helfen?“
– aber auch anderen Ankündigungen, insbesondere der Ankündigung von Aufzählungen.	*Die Namen der Monate sind:* Januar, Februar, März, ...
– Manchmal dient der Doppelpunkt auch zur besonderen Hervorhebung.	*Sie wusste, auf wen sie besonders achten musste:* auf die Rechtsabbieger.
Großschreibung nach dem Doppelpunkt nur dann, wenn **ein ganzer Satz** folgt, sonst **Kleinschreibung**.	Mein Problem war: *W*ie komme ich nach Ribnitz? Sie wusste, auf wen sie achten musste: *au*f die Rechtsabbieger.
172 Der **Apostroph** dient als **Auslassungszeichen**. a) Der Apostroph wird gesetzt – zur Kennzeichnung des Genitivs bei **Eigennamen**, die • auf **-s, -ss, -ß** enden	Ines’ Lieblingsbuch, Jonas’ Schultasche, Aristoteles’ Schriften; Günter Grass’ Roman, Voß’ Homer-Übersetzung
• oder auf einen verwandten Laut (**-tz, -z, -x, -ce**),	Heinz’ Geburtstag, Alice’ Spielzeug Jedoch **kein** Apostroph bei Artikel, Possessivpronomen o. Ä.: die Schriften *des* Aristoteles
– bei Wörtern mit **Auslassung,** die ohne Apostroph schwer zu lesen wären.	in wen’gen Augenblicken, ’s ist auf ewig schade, ’s wär’ schade
b) Ein Apostroph **k a n n** gesetzt werden bei möglichst exakter schriftlicher Wiedergabe mündlicher Äußerungen.	„Das wär’ schad’.“ (auch möglich: „Das wär schad.“) „Ich lass’ das nicht zu.“ „Das wär’ aber ’ne große Leistung.“ „Bitt’schön, nehmen S’ Platz!“
c) Bei der **verschmolzenen** Form von **Präposition + Artikel** wird der Apostroph **nicht** verwendet.	beim, am ans, aufs, fürs
173 Die **Anführungszeichen** (auch: Anführungsstriche, „Gänsefüßchen“, „Häkchen“) a) werden hauptpsächlich für die Kennzeichnung der **wörtlichen Rede** verwendet. Die wörtliche Rede wird durch Anführungszeichen **eröffnet** und durch Anführungszeichen **abgeschlossen**. (Vgl. Nr. 174 a.)	Theo sagte: „Morgen Vormittag bin ich schon in Stuttgart.“ Claudia sah ihn an. „Am Nachmittag werde ich in Freiburg sein“, fuhr er fort. „Da hast du ja“, bemerkte sie, „einen anstrengenden Tag vor dir.“

b) Man verwendet sie auch,
- um ein **kurzes Zitat** zu kennzeichnen,

Julia und Anna waren am Sonntag 100 km mit dem Rad gefahren, „nur um nicht einzurosten", wie sie sagten.

- um anzuzeigen, dass man als Schreibender vom Ausgesagten deshalb **abrückt,** weil man den Wahrheitsgehalt bezweifelt oder weil man das Gesagte für unwahr hält

Keine meiner Freundinnen hat das Buch des „Erfolgsschriftstellers" zu Ende gelesen.
[Ist der Autor wirklich ein erfolgreicher Schriftsteller?]

oder weil man **ironisch das Gegenteil** des Gesagten **ausdrücken** will,

Meine Schwester hatte die hässliche Schüssel „aus Versehen" fallen lassen. [d. h. hier: absichtlich]

- um ein **Zitat aus einem geschriebenen Text** zu kennzeichnen,

Im Grundgesetz steht: „Die Würde des Menschen ist unantastbar."

- um **einzelne Wörter** vom umstehenden Text **abzuheben,**

Ich kann beweisen, dass „trotzdem" keine Konjunktion (Bindewort) ist, sondern ein Adverb (Umstandswort).

- um **Buchtitel** usw. zu kennzeichnen.

Ich finde Goethes „Erlkönig" außerdem auch noch interessant.

c) **Halbe Anführungszeichen** benutzt man dann, wenn **innerhalb von Anführungszeichen** wieder etwas mit Gänsefüßchen versehen werden muss oder soll.

Tobias sagte: „Danach hat Tom ‚Hilfe, Hilfe!' geschrien."

„Und das nannte der Arzt nun ‚vorsichtig einrenken'!", berichtete sie empört.

Außerdem verwendet man die halben Anführungsstriche, um zu kennzeichnen, dass man einen **Wortinhalt** darstellt (auch „semantische Anführungszeichen" genannt).

Autogramm: ‚eigenhändige Unterschrift'
Auto: ‚Kraftfahrzeug'

174 Zeichensetzung in der direkten Rede

Statt Begleitsatz heißt es manchmal „Einleitungssatz", „Redeeinleitung".

Daniel sagte:	**„Es regnet schon seit Stunden."**
Begleitsatz	Wiedergabesatz (wörtliche Rede)
direkte Rede	

a) Die **wörtliche Rede** (Wiedergabesatz) wird in **Anführungszeichen** gesetzt.

b) Der **vorangestellte Begleitsatz** (Hinleitung) wird mit einem **Doppelpunkt** abgeschlossen.

Grundform der Zeichensetzung bei der direkten Rede:

Begleitsatz**: „**Wörtliche Rede**.“**

Daniel sagte: „Es regnet schon seit Stunden."

Das **Anfangswort** der wörtlichen Rede schreibt man **groß**, auch dann, wenn die wörtliche Rede nicht aus ganzen Sätzen besteht.

Felix sagte: „*D*er Zug nach Rostock fährt bald ab.“

Da rief auch schon der Schaffner: „*B*itte einsteigen!“
Steffi fragte: „*W*ieso jetzt schon?“
Da antwortete ihr Felix: „*W*eil es gleich losgeht.“

Der **Punkt** am Ende der wörtlichen Rede steht **vor** dem abschließenden Anführungszeichen.

c) Der **eingeschobene Begleitsatz** (Einschub) unterbricht die wörtliche Rede.

Zeichensetzung bei der direkten Rede mit eingeschobenem Begleitsatz:

„Wörtliche Rede“, Begleitsatz, „wörtliche Rede.“

Der linke Teil der wörtlichen Rede wird durch **Anführungszeichen** abgeschlossen und der rechte Teil neu durch Anführungszeichen eröffnet.

„Ich komme“, sagte Erich, „aus Dresden.“

Der eingeschobene Begleitsatz wird **in Kommas eingeschlossen.**

Das linke Komma steht **hinter** den Anführungszeichen, die den linken Teil der wörtlichen Rede abschließen.

Das erste Wort des rechten Teils wird kleingeschrieben, soweit es sich nicht um ein Substantiv (Nomen) handelt.

„Ich möchte“, sagte Sarah, „ *s*o gerne nach Möckmühl.“

Endet der linke Teil der wörtlichen Rede mit einem Ausrufungszeichen, so steht zwischen dem linken Teil der wörtlichen Rede und dem eingeschobenen Begleitsatz eine Zeichenhäufung: Ausrufungszeichen, abschließende Anführungszeichen und Komma.

Sonderfall:

„Wörtliche Rede!“, Begleitsatz, „wörtliche Rede.“

„Bitte!“, sagte Clara zu ihrer Freundin, „komm doch schon morgen.“

d) Vor den **nachgestellten Begleitsatz** (Ausleitung) setzt man ein **Komma**.

Zeichensetzung bei der direkten Rede mit nachgestelltem Begleitsatz:

„Wörtliche Rede“, Begleitsatz.

Das Komma steht **hinter** den abschließenden Anführungszeichen der wörtlichen Rede.

Der nachgestellte Begleitsatz beginnt mit einem kleingeschriebenen Buchstaben, soweit er nicht mit einem Substantiv (Nomen) beginnt.

„Heute gibt es Schokoladenpudding“, *s*agte Laura zu ihrem Bruder.

Am Ende der wörtlichen Rede steht in diesem Fall **kein Punkt**.

Innerhalb der wörtlichen Rede behalten

– Fragesätze das **Fragezeichen,**

– Ausrufe, betonte Wünsche, betonte Aufforderungen das **Ausrufungszeichen.**

In diesen Fällen kommt es zwischen wörtlicher Rede und nachgestelltem Begleitsatz zu einer Zeichenhäufung: Frage- oder Ausrufungszeichen, abschließende Anführungszeichen, Komma.

Wird nach dem nachgestellten Begleitsatz die wörtliche Rede **fortgesetzt,** so werden erneut Anführungszeichen gesetzt und das erste Wort der Fortsetzung wird großgeschrieben.

Sonderfall:

„Wörtliche Rede?“ *oder* !“, Begleitsatz.

„Kommt ihr jetzt herauf?“, rief Frau Schneider.

„Ich will aber nicht!“, rief Carla zurück.

„Wie viele Minuten sind es noch bis zur Abfahrt des Zuges nach Stralsund?“, fragte die Frau. „*I*ch muss nämlich noch auf meine Tochter warten. Sie will auch mitkommen.“

e) Wird bei **vorangestelltem Begleitsatz** der Begleitsatz nach der wörtlichen Rede **fortgesetzt**, so wird vor diese Fortsetzung ein Komma gesetzt (vgl. oben Punkt b); dies gilt auch dann, wenn die Fortsetzung mit *und* beginnt). Das erste Wort der Fortsetzung wird kleingeschrieben, soweit es sich dabei nicht um ein Substantiv (Nomen) handelt.

Am Ende der wörtlichen Rede wird in diesem Fall der Punkt gelöscht,

aber Fragezeichen und Ausrufungszeichen bleiben stehen, und es kommt zu einer Zeichenhäufung. (Vgl. d).)

Sonderfall:

Begleitsatz**: „**Wörtliche Rede**“,** Fortsetzung des Begleitsatzes.

Moritz rief: „Die Birne haben wir doch schon eingeschraubt“, *und ging auf die Steckdose zu*.

Claudia fragte: „Könnt ihr jetzt kommen?“, *während sie schon mit dem Auspacken anfing*.
Sie rief: „Kommt doch endlich!“, *und suchte schon den Gerätestecker hervor*.

Register

(Die Zahlen verweisen auf die Nummern links neben den farbigen Spalten)

(Die Zahlen verweisen auf die Nummern links neben den farbigen Spalten)